"福建省'十三五'中小学名师名校长培养工程丛书"编委会

（福建教育学院培养基地）

丛书主编：郭春芳

副 主 编：赵崇铁 朱 敏

编 委 会：（按姓氏笔画排序）

于文安 杨文新 范光基 林 藩 曾广林

名校长卷

主 编：于文安

副 主 编：简占东

编 委：陈 曦 林文瑞 林 宇

名 师 卷

主 编：林 藩

副 主 编：范光基

编 委：陈秀鸿 唐 熙 丛 敏 柳碧莲

福建省『十三五』
名校长丛书

润君教育

吴章文　著

厦门大学出版社
XIAMEN UNIVERSITY PRESS

国家一级出版社
全国百佳图书出版单位

图书在版编目(CIP)数据

润君教育/吴章文著.—厦门:厦门大学出版社,2022.1
(福建省"十三五"名校长丛书/郭春芳主编)
ISBN 978-7-5615-8506-1

Ⅰ.①润⋯ Ⅱ.①吴⋯ Ⅲ.①小学教育—教学研究 Ⅳ.①G622.0

中国版本图书馆 CIP 数据核字(2022)第 011577 号

出 版 人	郑文礼
责任编辑	章木良

出版发行 厦门大学出版社

社　　址	厦门市软件园二期望海路 39 号
邮政编码	361008
总　　机	0592-2181111　0592-2181406(传真)
营销中心	0592-2184458　0592-2181365
网　　址	http://www.xmupress.com
邮　　箱	xmup@xmupress.com
印　　刷	厦门集大印刷有限公司

开本	720 mm×1 020 mm　1/16
印张	12.25
插页	2
字数	216 千字
版次	2022 年 1 月第 1 版
印次	2022 年 1 月第 1 次印刷
定价	58.00 元

本书如有印装质量问题请直接寄承印厂调换

厦门大学出版社
微信二维码

厦门大学出版社
微博二维码

◎ 总　序

　　"百年大计,教育为本;教育大计,教师为本。"教师队伍建设是教育质量提升的关键。2018 年,中共中央、国务院印发《关于全面深化新时代教师队伍建设改革的意见》,吹响了新时代教师队伍建设改革的集结号,提出教师队伍建设改革的目标是"到 2035 年,教师综合素质、专业化水平和创新能力大幅提升,培养造就数以百万计的骨干教师、数以十万计的卓越教师、数以万计的教育家型教师"。福建省委、省政府牢记习近平总书记"福建没有理由不把教育办好"的殷切嘱托,以高度责任感、使命感,坚持教育优先发展,始终将建设一支师德高尚、业务精湛、结构合理、充满活力的高素质专业化教师队伍作为基础工作,出台了一系列政策措施,激发广大教师投身教育综合改革的积极性、主动性、创造性。福建省教育厅为打造基础教育高层次领军人才队伍,实施"强师工程"核心项目——中小学名师名校长培养工程,旨在培养一批在省内外享有盛誉的名师名校长,促进我省教育高质量发展。

　　"十三五"期间,福建教育事业紧紧围绕"新时代新福建"发展战略,坚定不移走以提升质量为核心的内涵发展之路,着力推动规模、质量和效益的协调发展,努力让教育改革发展成果更多地惠及民生,让人民群众有更多的获得感。2017 年,省教育厅会同财政厅启动实施了"十三五"中小学名师名校长培养工程,在全省遴选培养 100 名名校(园)长、培训 1000 名名校(园)长后备人选、100 名教学名师和 1000 名学科教学带头人。通过全方位、多元化的综合培养,造就一批师德境界高远、政治立场坚定、理论素养深厚、教学能力突出(治校能力突出)、教学风格鲜明(办学业绩卓越)、教育视野宽阔、富有开拓创新精神、在省内外有较大影响力的名师名校长,为培育闽派教育家型校长和闽派名师奠定基础,带动和引领全省中小学教师队伍建设,为推进我省基础教育优质均衡发展、办好人民满意教育,为"再上新台阶、建设新福建"提供有力的人才保障。

为扎实推进福建省"十三五"中小学名师名校长培养工程,保障实现预期培养目标,福建教育学院作为本次名师名校长培养工程的主要承担单位,自接到任务起,就精心研制培养方案,系统建构培训课程,择优组建导师团队,不断创新培养方式,努力做好服务管理,积极探索符合名师名校长成长规律的培养路径,确保名师名校长培养培训任务高质量完成,助力全省名师名校长健康成长,努力将培养工程打造成全省乃至全国基础教育高端人才培养示范性项目。

在培养过程中,我们从国家战略需求、学校发展需求和教师岗位需求出发,积极探索实践以"五个突出"为培养导向,以"四双""五化"为培养模式的基础教育高端人才培养路径。其中"五个突出":一是突出培养总目标。准确把握目标定位,所有培养工作紧紧围绕打造教育家型名师名校长而努力。二是突出培养主题任务。2017年重点搞好"基础性研修",2018年重点突出"实践性研修",2019年重点突出"个性化研修",2020年重点抓好"辐射性研修"。三是突出凝练教学主张(办学思想)。引导培养对象对自身教学实践经验(办学治校实践)进行总结、提炼、升华,用先进科学理论加以审视、反思、解析,逐步凝练形成富含思想和实践价值、具有鲜明个性的教学主张(办学思想)。四是突出培养人选的影响力与显示度。组织参加高端学术活动,参与送培送教、定点帮扶服务活动,扩大名师名校长影响。五是突出研究成果生成。坚持研训一体,力促培养人选出好成果,出高水平的成果。

"四双":一是双基地培养。以福建教育学院为主基地,联合省外高校、知名教师研修机构开展联合培养、高端研修、观摩学习。二是双导师指导。按照理论联系实际原则,为每位培养人选配备学术和实践双导师。三是双渠道交流。参加省内外及境外高端学术交流活动,积极承办高水平的教学研讨活动,了解教育前沿情况,追踪改革发展趋势。四是双岗位示范。培养人选立足本校教学岗位,同时到培训实践基地见学实践、参加送培(教)活动。

"五化"：一是体系化培养。形成"需求分析—目标确定—方案设计—组织实施—效果评估"的培养链路，提高培养专业化、精细化、科学化水平。二是高端化培养。重视搭建高端研修平台，采取组织培养人选到全国名校跟岗学习、参加国内高层次学术会议和高峰论坛、承担省级师训干训教学任务等形式，引领推动名师名校长快速成长。三是主题化培养。每次集中研修，都做到主题鲜明、内容聚焦，坚持问题导向和结果导向，努力提升培养的针对性和实效性。四是课题化培养。组织培养对象人人开展高级别课题研究，以提升理性思维、学术素养和科研水平，实现从知识传授型向研究型、从经验型向专家型的转变。五是个性化培养。坚持把凝练教学主张（办学思想）作为个性化培养的核心抓手，引导培养人选提炼形成系统的、深刻的、清晰的教育教学"个人理论"。

　　通过三年来的艰苦努力，名师名校长培养工作取得了显著成效，积累了丰硕成果，达到了预期目标。名校长培养人选队伍立志有为、立德高远的教育胸襟进一步树立，办学理念、政策水平和管理能力进一步提升，立功存范、立论树典的实践引领能力进一步提高，努力实现名在信念坚定、名在思想引领、名在实践创新、名在社会担当。名师培养人选坚持德育为先、育人第一的教育思想进一步树立，教书育人责任感、使命感和团队精神进一步强化，教育理论素养进一步提升，先进教育理念进一步彰显，教育教学实践和创新能力进一步增强，独特教学风格和教学主张逐步形成，教育科研和教学实践均取得了丰硕成果。一是专项研究深。围绕教学主张或教学模式出版了 38 部专著。二是成果级别高。84 位名校长人选主持课题 130 项，其中国家级 6 项；发表 CN 论文 239 篇，其中核心 16 篇；53 位名师培养人选主持省厅级及以上课题 108 项，其中国家级 7 项；发表 CN 论文 261 篇，其中核心 81 篇。三是奖项层次高。3 位获 2018 年教育部基础教育国家级教学成果奖二等奖；15 人获得 2017 年、2018 年福建省基础教育教学成果奖，其中特等奖 3 位、一等奖 7 位、二等奖 5 位；1 位评上国家级"万人计划"教学名师；34 位培养人选评上正高级职称教师；13 位获"特级教师"称号；2 位获"福建省优秀教师"称号。四是辐射引领广。开设市级及以上公开课、示范课 203 节；开设市级及以上专题讲座 696 场；参加长汀帮扶等"送培下乡"活动 239 场次；指导培养青年骨干教师 442 人。

　　教育是心灵的沟通，灵魂的交融，思想的碰撞，人格的对话，名师名校长应该成为教育的思想者。在我省名师名校长培养对象即将完成培养期时，福建教育学院培养基地组织他们把自己的教学（办学）思想以著作的形式呈现给大家，并资助出版了"福建省'十三五'名校长丛书""福建省'十三五'名师丛书"，目的就是要引领我省中小学教师进一步探究教育教学本质，引领我省中小学校长进一步探究办学治校的规律，使名师名校长培养对象成为新时代引领我省教师奋进的航标，成为办人民满意教育的先行者。结束，是下一阶段旅程的开始，希望我省名师名校长培养对象不忘立德树人初心，牢记为党育人、为国育才使命，积极投身新时代新福建建设，为福建教育高质量发展再建新功。是为序。

福建教育学院党委书记、教授、博士

郭春芳

2020 年 8 月

小学阶段教育自信的创新思路

◎ 李晓东[*]

2018 年 8 月，习近平主席在全国宣传思想工作会议上强调："要抓住青少年价值观形成和确定的关键时期，引导青少年扣好人生第一粒扣子"；"育新人，就是要坚持立德树人、以文化人，建设社会主义精神文明、培育和践行社会主义核心价值观，提高人民思想觉悟、道德水准、文明素养，培养能够担当民族复兴大任的时代新人"。

上述讲话精神为我们重新更为深刻地认识新时代小学教育的责任指明了方向。

如何才能为小学生扣好人生的第一粒扣子？如何在小学教育中为孩子的未来奠定人生的基础？这关乎每个小学生、关乎每个家庭、关乎每个小学教育工作者，是我们都应该思考的问题。

小学阶段对于一个孩子来说，是他们形成正确的世界观、人生观和价值观的关键时期。如何正确地实施教育和引导孩子全面健康成长，并为孩子的人格塑造提供有益的途径和方法，是新时代教育工作者的责任和义务。

孔子思想中最重要的是学以成人，就是怎样做一个人。学，是一种姿态，一种趋势，非学无以成人，但学是在生活世界、人际关系中，在与事物打交道中学；成人亦是如此，学与成人本就是一体的，生活中处处有学习，学习中无时无刻不是在学做人。

因此，我们能够体会到新时代小学教育工作者们的人文关怀和教育精神。

* 李晓东，北京师范大学大中小学德育一体化教材研究基地副教授、普通高中思想政治课程标准修订组核心成员、统编初中《道德与法治》教材分册主编。

现在呈现在我们面前的这本吴章文先生的专著——《润君教育》，在内在精神旨趣上体现了一种通达新时代教育精神的努力。同时，它也是一所学校——福建省尤溪县实验小学——这个整体的教育团队，历经多年的探索、思考和实践成果的展示和总结。本书以教书育人的教育理念作为支撑，本书的核心内容和主要观点及带有创新性的实践方案，给我们开启了一种小学教育自信的新思路和新方法。

让人印象深刻的一点在于：润君教育作为一套核心理念突出、课程体系完整的教学思想，不仅仅停留于认知层面，而且是真正落实到了学校的办学思想和管理方法中，并以润君教育校本课程为依托，在教学实践中发挥了它的重要作用。从文化自信和教育自信的层面来说，润君教育为小学教育的创新开启了一个方向，而且这种探索是有益的、有利的和有价值的。

目 录
CONTENTS

◎ 引 言
传统文化中君子人格的文化基因

一、君子的基本内涵

"君子"是先秦文献中出现的概念。《周易》《诗经》《尚书》等书中,都广泛使用了"君子"一词。如《周易·乾》说:"君子终日乾乾,夕惕若,厉无咎。"先秦典籍中出现的君子的概念,主要是从政治角度立论的,君子的主要意思是"君"。"君",从尹,从口。"尹"表示治事;"口"表示发布命令。合起来的意思是:发号施令,治理国家。君子是古代对男人的尊称。如《周易》里的"天行健,君子以自强不息;地势坤,君子以厚德载物",《诗经》里的"窈窕淑女,君子好逑",《尚书》里的"君子在野,小人在位",当时是指君之子;而真正对君子提出标准的是孔子,在《论语》第一篇就有:"学而时习之,不亦说乎? 有朋自远方来,不亦乐乎? 人不知而不愠,不亦君子乎?"

西周时,"君子"是作为贵族的通称。在孔子等先秦思想家的论述中,"君子"有的时候还带有贵族的意思。如《论语·颜渊》说:"君子之德风,小人之德草。"《礼记·礼运》记载,孔子曾喟然而叹,弟子言偃在侧发问"君子何叹",孔子回答时称禹、汤、文、武、成王、周公为"六君子"。君子在上古是最高领袖,是圣人。

在《诗经》中,有的"君子"概念已经表示了"有德"的意思。如"弗问弗仕,勿罔君子""君子如届,俾民心阕""君子如夷,恶怒是违",这里的君子就是"好人"的意思。

春秋以后,"君子"一词开始具有道德品质的属性,具有德性上的意义,并逐渐开始以道德品性的高下来区分君子与小人,如"君子成人之美,不成人之恶。小人反是"。这样一来，君子的内涵中融入道德品性的成分，使"君子"这个概念更多指"立德、立功、立言"的杰出人士，即指那些才德出众和有特异节操之人。看一个人是不是"君子"，主要是看他是否具备君子的道德品格。

所以，后来《白虎通》中明确说道："或称君子者何？道德之称也。"清代学者俞樾在《群经平议》中指出："古书言君子、小人，大都以位而言……是汉世师说如此，后儒专以人品言君子、小人，非古义矣。"

二、孔子关于君子的经典表述

西周末年开始，王室统治式微。公元前770年，周平王放弃镐京，迁都洛邑。从此，周王室的经济政治实力一落千丈，周天子地位和权威急剧衰落，虽然还保留着"天下共主"的名义，但远不能像以前那样号令天下，"礼乐征伐自天子出"变为"礼乐征伐自诸侯出"，诸侯国内的篡权政变和各国之间的兼并战争不断发生。中国历史进入春秋战国时代。

传统宗法制度的破坏，各地豪强的崛起与争霸，促进了文化上的突破与变革，出现了经济、社会文化繁荣发展的局面，出现了中华文化史上的一个生机勃勃的阶段。

在这样的生活大变动中，贵族君子开始趋于衰落。大部分贵族被变动的浪潮从高岸抛到深谷，他们惶惶然地注视着时代变化，无法理解自身地位的丧失和整个贵族阶层的衰落，"嗟尔君子，无恒安处"。许多贵族君子由于不断贫困而"降为皂隶"。与此同时，新兴的士阶层开始崛起。庶民中的优秀者上升为士的机会增多，形成一个数量庞大的阶层，成为统治者依赖的社会政治力量。

随着社会的大变动，人们开始探索与追求人的新品格，新的人生观、价值观不断涌现并流行。社会关系的丰富需要人们"信以为本，循而行之"，人应该具备"敬、德、仁"的品格。晋国的张老推荐魏绛为卿，因为他具有"智、仁、勇、学"四种新品格。这种新品格的细目不断增多，如"仁德正直""敬、忠、信、仁、义、知、勇、教、孝、惠、让"等。这些品格逐渐被确立为人的基本品格。先秦思想家在此基础上，从理论上完成了新价值观的树立，创立了新的君子人格。

所以，在先秦诸子的著作中，君子都是一个被广泛讨论和论述的概念。

在先秦诸子的著作中，论述"君子"最多也最全面完整的是孔子及其儒家学派。孔子是"至圣先师",是我们中华民族所有人的老师,他的话必然十分重要。所以,孔子论"君子",就是关于君子的经典定义。

有人做过统计,在《论语》中"君子"一词出现了 107 次,其中有 12 处指执政者,其余主要指向道德人格,是指道德修养达到完善境界的人。比如,"君子欲讷于言而敏于行"强调说话要慎重,做事须勤勉;"君子坦荡荡,小人长戚戚"强调君子要胸怀宽广,不计个人利害得失,无愧于心,而小人心胸狭窄,与人为难、与己为难,忧愁不安;"君子成人之美,不成人之恶"强调要帮助人成就好的品德,而不是去助长别人的恶;"君子病无能焉,不病人之不己知也"强调个人应该以修身求学为重,而不应在意能否出名;"君子不重则不威,学则不固。主忠信。无友不如己者。过则勿惮改"强调态度要庄重不轻浮,做事要尽力,要讲究诚信,不要和道德品行不如自己的人结交,犯了过错要勇于改正;"君子喻于义,小人喻于利""君子义以为质,礼以行之,孙以出之,信以成之。君子哉"强调一切行事以"义"为准则,具体做的时候要符合"礼",言词要谦逊,要讲信用;"君子求诸己,小人求诸人"强调君子要严格要求自己,遇事从自身找原因,而不是怨天尤人。

这样,关于君子的品德说得已经比较全面了。君子作为一种理想的道德人格,在言行举止、为人处世等方面都有具体要求与体现。孔子在《论语》中为我们展现了无忧无惧、修己安人、忧道不忧贫的君子形象。做到这些,就内心充盈饱满、胸怀坦荡宽广、目光睿智机敏、待人谦虚有礼,言必忠信,行则笃敬,所以千百年来君子一直受到人们的推崇。

总之,孔子多侧重于人品和操行方面来讨论君子。孔子心仪的诸种优异人格中,君子居于"有德者"的重要地位。由于孔子的提倡,君子品格德性之义成为社会认知共识,庶几成为优秀人品的代名词。实际上,君子到了孔子那里,才正式成为一种理想人格。他对君子所要达到的人格境界规定得比较高,仅次于可望而不可即的内圣外王式的"圣人"。[①] 孔子以来的儒家把"君子"尽量从古代专指"位"的旧义中解放出来,而强调其"德"的新义。这是古代儒家,特别是孔子对于中国文化的伟大贡献之一。[②]

---

①　朱义禄.儒家理想人格与中国文化[M].沈阳:辽宁教育出版社,1991:51.

②　余英时.中国思想传统及其现代变迁[M].桂林:广西师范大学出版社,2004:140.

三、君子教育中的人格基因

孔子是中华民族的精神导师和道德大师,他用仁学把周代礼乐制度文化提升为礼义德性文化。在此过程中,他创造性地阐发"君"这一语词中的"尊贵"之义,将其意蕴从指向社会地位变为指向道德品质,从而确立了"君子"这一理想人格范式,把中华美德凝结在人的文化生命之中,使"做人"成为中华思想的主题,造就出礼义之统,影响了中国两千多年,其功绩是伟大的。先秦时期,孔子、孟子、荀子和《易传》《礼记》对君子之德都有大量论述。汉魏以降,直至近代,士林学人推尊君子人格者所在多有,又普及于民间,遂成为久传不绝的民族集体意识。

"君子"是由孔子精心塑造,并经诸子百家精心呵护而成的理想人格,在中华文化数千年演进的历史长河中,受到上至历代思想家及文人士大夫,下至社会各阶层人士包括普通百姓的广泛认同和推崇,君子人格流淌在每一个中华儿女的血液里,徜徉在神州大地的每一寸土地上,弥漫在五湖四海的每一份空气里,历久弥新,生生不息。其内涵丰富性、思想完整性、实践操作性、精神引领性等方面都有十分丰富的阐发。

(一)君子的精神风貌

如"文质彬彬,然后君子""君子坦荡荡""不重则不威""敬而无失""泰而不骄""望之俨然,即之也温,听其言也厉""正其衣冠,尊其瞻视"等。

(二)君子的修身方法

如"博学于文,约之以礼""就有道而正焉""无友不如己者,过则勿惮改""内省不疚""君子求诸己""君子之过也,如日月之食焉"等。

(三)君子的言行关系

如"敏于事而慎于言""讷于言而敏于行""耻其言而过其行"等。

(四)君子的义利关系

如"君子先义后利,道义挂帅""君子义以为上""君子喻于义,小人喻于利""子曰:富与贵,是人之所欲也;不以其道得之,不处也。贫与贱,是人之所恶也;不以其道得之,不去也。君子去仁,恶乎成名?君子无终食之间违仁,造次必于是,颠沛必于是"等。

(五)君子的人际关系

如"己所不欲,勿施于人""己欲立而立人,己欲达而达人""成人之美,不成人之恶""人不知而不愠""周而不比""和而不同""矜而不争,群而不党"等。

四、君子人格是每个现代人的必备修养

习近平总书记曾经说过,"中国优秀传统文化的丰富哲学思想、人文精神、教化思想、道德理念等,可以为人们认识和改造世界提供有益启迪,可以为治国理政提供有益启示,也可以为道德建设提供有益启发","对传统文化中适合于调理社会关系和鼓励人们向上向善的内容,我们要结合时代条件加以继承和发扬,赋予其新的含义"。

问题的关键在于,我们要从何处去继承和发扬,并在什么条件和环境中赋予其新的含义?

中国历史上的先哲君子是中华传统文化的杰出代表。他们以"立德、立功、立言"为人生理想,为丰富和发展中华文化进行了巨大的创造,付出了艰辛的努力。也正是因为有了他们的参与和创造,中华民族几千年的历史才显得如此绚丽多彩、丰富灿烂、风光无限。正是因为他们的努力,中华文化精神才得以薪火相传,才能够生生不息,才能够在世界文化中发出自己的耀眼光芒。

中国历史上的君子们承担着中华民族文化的延续和传承的使命,他们本身就是中华传统文化滋养下成长起来的。数千年来,中华民族以其勤劳的品格和智慧的心灵,以其坚韧不拔、生生不息的顽强精神,在广袤的东亚大陆上创榛辟莽,艰苦奋斗,持续地创造和发展自己的文化,以丰富的内涵、卓越的风姿,屹立于世界民族之林。丰富而先进的中华文化,以其璀璨的内涵、深沉的智慧、飞扬的灵感、优雅的英姿、独特的风貌,时时展现出它的世界性辉煌。中华文化的发展,博大精深而又源远流长,波澜壮阔而又光被四表,丰富多彩而又生生不息,在世界文化史上也是不多见的。漫长的中华文化发展史,凝聚出了中华民族的文化精神,这种文化精神集中体现在世代中国人生活中,成为文明的精神家园,成为我们的心灵归宿。而历史上那些先哲君子,作为中华民族最优秀的那一部分人,则是中华文化

精神的集中代表、集中体现。他们代表着中华文化精神，代表着人类对美好人生的追求和向往，代表着文化的希望和光明。

不仅如此，君子自身也过着智者的生活。他们致力于追求和探索生活的智慧，不仅教导人类，而且用来指导自己。他们每个人都经历了不同的生活道路，但是都认真地对待整个人生，以各自独特的方式完成他们作为君子的使命。他们展现给我们的，不仅仅是他们的文化贡献，更在于他们的生活态度、生活风采、生活境界。他们对于我们的影响，不是在他们的功绩，而是在他们的生活本身，就是我们人生的榜样。

我们生活的时代，已经全然不是书中那些先哲君子们所生活的时代。然而，正如鲁迅所说："无穷的远方，无数的人们，都和我有关。"尽管时代在变，生活在变，人性的光辉却是永恒的，我们的文化理想也是永恒的。君子们留下的宝贵的精神遗产，仍然激励着我们、鼓舞着我们。他们所代表的文化精神，对于我们的人生有巨大的感召力量。

我们今天要承续先哲君子的文化理想，更要学习和追求他们所达到的崇高的人生境界。境界是人生崇高理想的体现，是君子之所以成为君子的根本。历史上那些先哲君子们，其境界之高远、宏阔、博大，令人难以望其项背。也正是因为其境界之高远，所以他们时时仰望星空，把目光投放到更广阔的世界，他们不会因为一时的得失而斤斤计较，不会为一时的困顿而颓其志馁其气。他们永远高扬人格的力量而自强不息。他们的人格境界便是一种最感人的力量。

对这种境界的追求，是君子们道德的修养、知识的长进、情操的陶冶和人格的试炼，进而获得由丰富个性的健康、智慧和抱负组成的和谐之美、崇高人格之美。孔子说："吾十有五而志于学……"大概就是指要达到理想人格境界所走过的路。在这种对理想人格的追寻中，君子们完成了他们自身人格的丰富性、全面性和完整性。这种人格的完整性，便是他们的执着所在。古代儒家强调"修身为本"，要想让修身齐家治国平天下的人生道路和社会理想得以实现，首先必须从修身开始。儒家不仅提出了修身的要求，还具体设计了修身的途径和方法，要"志于道，据于德，依于仁，游于艺"，要自省，要慎独，等等。总之要时刻不忘记自己的精神境界的修养功夫，唯有如此，才是君子之道。

第一章
润君教育的育人观

第一节　润君教育的核心理念

一、润君教育核心理念的目标追求

学校文化之于一所学校的意义,犹如灵魂之于生命、思想之于人类,是一所学校凝聚力和竞争力的源泉,更是学校可持续发展的不竭动力。卓越的文化氛围和学校精神可以起到"润物细无声"的育人效能。君子人格是中华民族独特的精神标识,是中华文明道德精髓的集中表现,也是几千年推动中华文明的正能量和主旋律。培养学生高尚的家国情怀、积极的文化担当,凝聚成入世有为、自强不息、厚德载物、文质彬彬的君子人格,是润君教育的核心内涵。仰文化之魅力,尚无声之至德,推进学校文化建设,以文化人,以文聚心,以文化引领学校发展,盈润学生生命,是学校发展的必然要求。吴清山在《学校效能研究》中提出:"三风一训"是校园文化体系中重要的精神载体,以其无形的控制力、感染力、凝聚力,规范着师生的思想作风和行为倾向,外化为生动的人文景观,营造出独特的校园文化,并最终积淀成不断传承和发扬的学校精神。因此,学校始终把校训、校风、教风和学风的建设当作君子文化建设的核心,作为全校师生共同成长和发展的价值导向,成为学校生命力、凝聚力、感召力和价值追求的灵魂所在。

核心理念是学校用于指导教育教学行为与管理经营活动的最高价值

标准,是学校一切行为的起点和归宿,是学校文化理念系统的灵魂。

著名哲学家雅斯贝尔斯说:"教育的本质意味着:一棵树摇动一棵树,一朵云推动一朵云,一个灵魂唤醒一个灵魂。"润君教育就是让儿童通过君子人格的润泽和养正,融和儿童的综合素质,成为一名德才兼备、才艺双馨的时代小君子,强调的是温润滋养,强调的是春风化雨,强调的是文而化之,强调的是润物无声。因此,润君教育有三个特点:一是对教育的主体而言,面向全体,有教无类——滋润万物;二是对教育的过程而言,以人为本,因势利导——润物无声;三是对教育的目标而言,全面发展,化于心成——温润无瑕。

润君教育核心理念:润君养正,融和致远。

润君教育核心价值:以君子文化立校,培养人格健全的时代小君子。

润君教育育人目标:培育具有民族情怀又有全球视野的时代小君子。

润君教育思想以"润君养正,融和致远"为核心理念。润君教育是一种关注人的全面发展的教育,遵循教育即生长的人之本质,遵循人的成长之规律,建设成长之课程,施加温和之教养,注重活动之体验,强调过程之养成。以温和润泽的方式对学生施加影响,突出君子人格的基因特质,我们倡导通过读、诵、唱的活动(君子人格知识篇)促进学生"识君子",通过讲、写、演的活动(君子人格养成篇)促进学生"知君子",通过礼、信、行的实践体验(君子人格体验篇)促进学生"学君子",通过君子少年积攒评价(君子人格评价篇)促进学生"成君子",保证"立德树人"根本任务的达成,培养德、智、体、美、劳全面发展的社会主义事业建设者和接班人。

二、润君教育的实践方案与思路

尤溪地处闽中腹地,素有"闽中明珠"之称,是南宋著名理学家、思想家、哲学家、教育家、诗人朱熹的诞生地。他在这里度过了美好的童年,并留下了许多富有传奇色彩的故事,后来他曾多次回到这里寻亲访友、讲学授徒,并留下了大量的墨宝铭文、手迹板联和诗词歌赋。君子人格也是朱熹一生致力追求的目标,他特别崇尚诸葛亮、杜甫、韩愈、颜真卿、范仲淹五位历史名人,称之为"五君子",并始终以"五君子"修养作为自我人格塑造的目标,克己修身,最终成为唯一不是孔子学生却位列大成殿的十二哲之一,被誉赞为"北有孔子,南有朱子"。朱熹成为南宋理学集大成者,清康熙皇帝曾题赞"集大成而绪千百年绝传之学,开愚蒙而立亿万世一定之规",

给予了他至高无上的评价,赋予了他无以复加的地位,为尤溪积淀了深厚的文化底蕴。因此,一代代的尤溪人秉承着圣哲理学,沐浴着大儒雅风,耕耘不辍,薪火相传,能人辈出,正如刘海粟先生所颂扬的"尤溪风月无今古,学海扬帆有后人"。尤溪县委、县政府提出打造闽中特色的朱子文化、生态休闲全域旅游品牌,尤溪县实验小学也进行了多年的朱子文化的传承研究,积累了一定的文化基础,因此在尤溪县实验小学开展君子教育具有得天独厚的基础。

也正是在此基础之上,有了福建省三明市尤溪县实验小学的润君教育模式的探索和践行。

经过学校多年的探索、思考、设计和实践,逐渐形成了以润君教育的基本理念、润君教育的课程框架、润君教育的实施策略和润君教育的评价体系为四大版块的小学教育的实验性和示范性的教育实践创建。

这个教育实践的基本思路和主要特点如下:

(一)润君教育的基本理念

通过改革实践,基本形成了以践行社会主义核心价值观为基石,以传承朱子文化为基础,以润泽"君子人格"为基线,以"修身文化(仁)、智慧文化(智)、笃行文化(勇)"为内核,从德性修养、知性学识与雅性才能入手,多领域渗透、全方位培育的时代少年君子的理念。

以杜威"教学做合一"和加德纳的多元智能理论以及荀子劝学格言"不积跬步,无以至千里;不积小流,无以成江海"为理论基础的育人机制,是优秀文化与先进思想相互交织的成果,也是传统文化思想与现代教育理念碰撞交融的结晶。

(二)润君教育的课程框架

通过改革实践,基本形成了由"君子之仁、君子之智、君子之勇"三大模块组成的润泽君子人格、培育时代少年君子的课程框架。君子之仁模块包含君子之礼、君子之义、君子之信三块绘本教材,君子之智模块包含延伸型课程(学科综合实践活动课)、拓展型课程(社团活动)、探究型课程(创客空间、航模、研学等研究性学习活动),君子之勇模块包含励志篇、家国篇和笃行篇。三个模块或为必修课程,或为选修课程,相互支撑,共同架起新时代新君子的教育课程体系,为学生的幸福人生奠基。

（三）润君教育的实施策略

通过改革实践，基本形成了"一体两翼三助力，六节活动长六艺"的实施策略，即以培养"谦谦君子少年沈郎"[①]为主体，以开展书香校园和墨香校园建设为两翼，以落实君子文化课程、打造生命灵动课堂、夯实综合实践活动为三个助力，引导孩子从小亲君子、识君子、做君子；在校园内开展礼仪节、艺术节、体育节、悦读节、书画节、科技节的"六节"活动，促进学生学习"新六艺"，发展学生的核心素养，帮助他们形成关键的能力和必备的品格。

（四）润君教育的评价体系

初步形成了"润君教育"的评价体系。通过对美德（仁爱）、才艺、健体、书香、墨香、智慧六种小沈郎阳光币的积攒，并进行进阶评价，取得了良好的效果。

尤溪县实验小学紧紧围绕以培育君子人格为核心，以学科渗透为阵地，以习惯养成为载体，以修习"六艺"为抓手，致力于"一体两翼三助力，六节活动长六艺"的育人模式进行深入探索，有效地促进了该校教育教学改革向纵深推进，使学校教育的目标——立德树人的根本任务得到了进一步的深化和落实，形成了一整套符合福建省"省级教改示范校"的项目体系。

第二节　润君教育的教育价值

一、润君教育是新时代的君子教育

君子，无论是"自强不息"的刚毅坚韧，还是"厚德载物"的厚实和顺，无论是"君子法天运，四时可前知"的睿智聪慧，还是"有匪君子，如切如磋，如琢如磨"的唯美修养，无论是"依依似君子，无地不相宜"的精神风貌，还是"文质彬彬，然后君子"的德才相适，都将君子的唯美人格刻画得淋漓尽致。

---

① 沈郎为朱熹小名。

党的十九大报告指出："文化自信是一个国家、一个民族发展中更基本、更深沉、更持久的力量。"与会专家认为，知君子、做君子，是亲近中国优秀传统文化的重要内容，是增强文化自信的重要途径，是继往圣、开来学的重要着力点。教育的重要功能是以文化人，其最深层的积淀和影响是对人格的培养。任何一个社会的核心价值观，都包括其精神追求和道德精髓，说到底都以提升人的素质，塑造理想人格或者说集体人格为旨归。源远流长、博大精深的中华传统文化，在数千年的漫长发展进程中不断塑造和培育的集体人格，或者说理想人格，就是被历代中国人广泛接受并尊崇的君子人格。"君子"是一个具有永久魅力的概念，贯通着中华传统文化发展与演变的历史进程，成为中华传统文化最为突显，也最为稳固的坐标。亲君子、知君子、学君子、做君子，给孩子一个滋润的童年，为他们幸福人生奠定坚实的基础，"促进孩子的全面和谐发展""润泽君子人格，滋养幸福人生""培育具有民族情怀又有全球视野的时代小君子"正是润君教育办学思想的核心所在。

学校办学理念的实现，需要课程的支撑，课程与办学理念构成了一所学校的办学风格，两者就如理论与实践的关系。具体课程体系支撑下的办学理念是富有生命力的，而缺乏了理念引领的课程教育价值则难以得到最大限度的开发，课程便成了无根之木。因此，学校要自觉树立构建大课程体系的创新意识，促成课程与理念的互惠相长，努力创办规范而富有特色的优质学校教育。

润君教育就是培养新时代君子的教育。培养的是灵魂高尚、学识渊博、敢于担当的现代君子。新君子的"新"，一是指不完全等同于孔子倡导的君子标准，是在传统的君子人格特质中植入创新精神和实践能力的基因；二是指君子的养成方式不同于古代，而是在吸收古代优秀文化的基础上增添了现代社会元素，培养的是既具有新时代气息又不失古典文化修养的君子。润君教育以立德树人为根本任务，以全面推进素质教育为目标，以打造润君教育为价值追求，以培育君子人格为核心理念，以润君教育为课程实施目标，以优化高雅的校园文化环境为基础，以创建科学的课程体系为载体，把学校文化建设与提高育人水平、提升教师队伍整体素质有机结合，通过丰富课程内容，发展灵动个性，施行温润管理，实施和润教学，打造灵润课堂，开展泽润活动，培养具有善良的灵魂、缜密的思维、诗意的生活品质的时代小君子。

二、润君教育理念与现代教育理论的关系

润君教育是一种仁于心、智于学、勇于行的完整教育过程,润君教育文化的形成,是优秀传统文化与先进教育思想相互交织的成果,也是传统教育思想与现代教育理论碰撞交融的结晶,是一种从远古走来,走向未来的教育。

(一)润君教育理念促进人的全面发展,符合马克思主义关于人的全面发展理论

马克思主义关于人的全面发展观由劳动能力(体力和智力)的全面发展、社会关系(道德、情感与审美)的全面发展及个体和人类的自由(个性、自主、充分)全面发展三个部分组成,其人的全面发展的核心指向德、智、体、美、劳的全面充分发展。润君教育理念是促进人的全面发展,其课程体系是以落实"立德树人"根本任务为要旨,以践行社会主义核心价值观为基石,以传承中华优秀传统文化为基础,以培育"君子人格"为主线,以"修身文化(仁)、智慧文化(智)、笃行文化(勇)"为内核,从德性修养(德)、知性学识(智)与雅性才能(体、美、劳)入手,多领域渗透、全方位培育的现代少年君子的课程体系,其育人目标指向人的全面发展、充分发展、和谐发展。因此,润君教育理念与马克思主义关于人的全面发展理论是高度统一的。

(二)润君教育理念追求全面和谐发展,吻合苏霍姆林斯基关于人的和谐发展理论

君子人格以内圣外王为要义,内圣是通过格物、致知、诚意、正心、修身来实现个体的德性完善和知识才能的完满,外王是经世致用,追求立德、立功、立言,是将个体完善的德性和完满的知识才能运用于社会的管理,是齐家、治国、平天下。润君教育理念以此为钥,追求个体的自学自为的自主发展;追求德性教学的全面发展、和谐发展;追求个性发展与社会发展的协调。苏联著名教育家苏霍姆林斯基教育理论的核心是人的全面和谐发展,他认为:"学校教育的理想是培养全面和谐发展的人、社会进步的积极参与者。"他指出所谓和谐的教育就是把人的认识和理解世界与自我表现这两种职能配合起来,使两者达到平衡。他认为全面和谐的发展意味着劳动与人在各类活动中的丰富精神的统一,意味着人在品行上及同他人相互关系

上的道德纯洁,意味着体魄的完美、审美需求和趣味的丰富及社会和个人兴趣的多样。由此可见,君子的内圣外王要义与他的全面和谐发展观是高度吻合的。

(三)润君教育理念促进孩子个性发展,契合加德纳的"多元智能发展"理论

加德纳认为,智力是"在一定的社会文化背景下,个体用以解决自己面临的真正难题和生产及创造出社会所需要的有效产品的能力"。每个人与生俱来都在某种程度上拥有多种智力潜能(言语语言智能、数理逻辑智能、空间视觉智能、音乐韵律智能、肢体运动智能、自知自省智能、人际交往智能、自然观察智能)。环境和教育对于这些智能的开发和培育有着重要作用。每一种智能通过恰当的教育和训练都可以发展到更高的水平。他还强调智力并非像我们以往认为的那样是以语言能力和数学逻辑能力为核心,以整合方式存在的一种智力,而是彼此相互独立又以多元方式存在的一组智力。个体间智力的差异在于智能的不同组合("知识、技能和态度"这三方面的整合)。一个人有很高的某一种智能,却不一定有同样程度的其他智能。他从心理学的角度阐述了学生与生俱来就不相同,没有完全相同的智力,但具有自己的智力强项,有自己的学习风格,我们必须为其他发展提供现实的支撑。这要求我们从对学生思想情感上独特个性的关注转向对学生天性、禀赋的关注,学校要创造并落实对学生的个性发展的理念、环境、课程、方法、评价等方面的系统支撑,帮助孩子发现自我、发展自我、展示自我。

"君子不器"(《论语·为政》)是君子的重要品格之一,其本义是说君子不能像器具那样,作用仅仅限于某一方面。君子应当是博学广识,具有多方面才艺,全面发展的人。润君教育理念指向的是培育具有君子人格的时代新人,培养具有适应终身发展和社会发展需要的必备品格(君子人格)和关键能力(博学广识、才艺出众)的时代新人。因此,在课程体系的设计和开发中,以加德纳的"多元智能发展"理论为指导,设置了基础性课程、拓展性课程、探究性课程三大课程体系(君子之仁课程、君子之智课程、君子之勇课程),开发了15类(文学基础类、运动健体类、四球竞赛类、书法艺术类、美术绘画类、篆刻彩泥类、剪纸插花类、民族乐器类、民族文艺类、西洋乐器类、合唱表演类、农艺实践类、航空航模类、人工智能类、精致表演类)60个兴趣社团,并以课程化的校园"六节"活动实施,追求全面而充分

的发展、个性而自主的发展,培养人格健全、德才兼备、勇于担当的时代新君子。

(四)润君教育理念推动孩子自主发展,顺合马斯洛的需求层次理论

马斯洛认为,人类具有一些先天需求,越是低级的需求就越基本,越与动物相似;越是高级的需求就越为人类所特有。同时这些需求都是按照先后顺序出现的,当一个人满足了较低级的需求之后,才能出现较高级的需求,即需求层次。主要包括生理需求、安全需求、社交需求、尊重需求和自我实现需求。根据马斯洛需求层次理论,润君教育理念在人身安全、社会需求、尊重需求和自我实现需求上为学生提供支撑:一是教育环境和谐化(设施完善、场所丰富),满足学生的物质需求;二是教育手段理性化(因材施教、循循善诱),满足学生的安全需求;三是教育形式人性化(以人为本、仁爱存心),满足学生爱与归属的需求;四是教育评价多元化(内容丰富、梯级进阶),满足学生的尊重需求;五是教育理念个性化(成人之美、有教无类),满足学生的自我实现需求。

第三节　润君教育的具体内容

一、润君教育核心内容的主要特点

(一)润君的意蕴

"君子比德于玉焉,温润而泽,仁也"(《礼记·聘义》),孔子曾有"君子如玉"之说。其意是作为一个谦和的君子,应当时时以玉之触手温润舒适、光华内敛为要求自省;君子当以宽容有如大海,待人和煦如春阳,举止从容如松柏,处事有如沐春风之感。所以,中国古语有云:"君子无故,玉不离身。"

在《礼记·聘义》中,孔子与其学生子贡有一段颇有意味的对话。子贡

问孔子曰:"敢问君子贵玉而贱珉者何也? 为玉之寡而珉之多与?"孔子答曰:"非为珉之多故贱之也,玉之寡故贵之也。夫昔者,君子比德于玉焉,温润而泽,仁也;缜密以栗,知也;廉而不刿,义也;垂之如坠,礼也;叩之其声清越以长,其终诎然,乐也;瑕不掩瑜,瑜不掩瑕,忠也;孚尹旁达,信也;气如白虹,天也;精神见于山川,地也;圭璋特达,德也;天下莫不贵者,道也。诗云:'言念君子,温其如玉。'故君子贵之也。"孔子认为玉有十一德,即仁、知、义、礼、乐、忠、信、天、地、德、道。

此外春秋时期的管子认为玉有"九德"(仁、义、知、勇、信、洁、精、容、辞);荀子认为玉有"七德"(仁、知、义、勇、行、情、辞);西汉的刘向认为玉有"六美"(德、智、义、勇、仁、情);东汉的许慎在总结古人的前提下,提出玉有"五德"(礼、义、智、勇、廉)。

正因为玉蕴含着如此多的美德,与儒家倡导的"君子"人格高度契合,因此,诸子百家及历代文人士子对玉都赞誉有加,以君子比德于玉,其意实为鼓励士人要以玉为鉴,不断加强修身端行,不断完善自己,以求臻于至善。

正如古希腊著名教育家、哲学家柏拉图所说:"一个人从小受的教育把他往哪里引导,能决定他后来往哪里走。"孔子的"君子比德于玉"说法,不就是期待能引领文人士子向着理想人格——"君子"的明亮那方吗?

这种教育不是苛责下的一种安静,不是约束下的一种爬行,而是一种来自心灵最深处的温暖的唤醒,是一种无声的润泽,就如春雨一般"随风潜入夜,润物细无声"。通观《论语》,我们不难发现,孔子在对构建的理想人格"君子"的标准进行阐发时,并不是以"君子必须……"的要求来进行强制的规范,而是以一种来自内心需求的"应该是……"的自觉自为来引领。苏霍姆林斯基认为要让教育的痕迹尽可能淡化,他提出:"教育的意图隐蔽得越好,教育效果就越佳。"因此,对儿童进行道德培养也应该契合这种要求,而符合这种教育方式的必然指向的是"润物无声"。同样,君子人格的培育理当以"润物无声"方式为旨归。

(二)"润泽"的含义

(1)润:本义为雨水下流,滋润万物。也作动词,即使潮湿,不干燥。

(2)润泽:本义指雨露滋润;不干枯。北魏贾思勰《齐民要术·栽树》有:"时时灌溉,常令润泽。"宋欧阳修《雪》诗曰:"光芒可爱初日照,润泽终为和气烁。"也引作施恩、润色、修饰用。

"润""润泽"共同指向的核心要义有三:一是滋润,干湿适宜;二是施加恩惠,使其成长;三是温润光泽。"润泽"一词有滋润万物之广袤,有润物无声之熏陶,有温润无瑕之成效。

(三)养正的含义

养正:涵养正道。《周易·蒙》曰:"蒙以养正,圣功也。"孔颖达疏:"能以蒙昧隐默自养正道,乃成至圣之功。"李邕《春赋》载:"散归闲之召父,隐养正之姜牙。"王守仁《传习录》载:"毋辄因时俗之言,改废其绳墨,庶成蒙以养正之功矣。"

养正是指从童年开始,就要施以正确的教育,使之涵养正道,弘扬正气。"养"为涵养,包括身心修养、文化修养、能力修养。"正"为正直、正气、祛邪扶正之意,是一种价值取向、一种精神追求,它指向的是高尚的道德素养、深厚的文化底蕴、开拓的创新精神。教育是培养人的事业,它催人向善、助人增智、促人觉醒,因而从本质上说,教育就是一项"养正"的事业,也是培养时代新君子的事业。

(四)融和的含义

融和:本义温暖,引作和谐,也指融洽和谐。唐代李商隐《为裴懿无私祭薛郎中衮文》中有:"灵台委鉴,虚室融和。"

融和有三个层面的理解:一是融会贯通,对人的素质而言指向个体的全面发展;二是融洽无间,对人的能力而言指向个体的和谐发展;三是海纳百川,对人的人格而言指向个性发展。教育的终极目标是促进人的全面、个性、和谐的发展,这样的发展才是人的充分发展,这也正是孔子"君子不器"思想的体现,是君子人格的核心品质。当然,融和同时也指向现代教育与传统教育的融合,指向学校教育与社会需要的融合,指向人与自然的融合,表达了和而不同的发展理念。

(五)致远的含义

致远:本义为凝神致力于远大理想。出自诸葛亮的《诫子书》:"夫君子之行,静以修身,俭以养德。非淡泊无以明志,非宁静无以致远。"引申为远大的理想、事业上的抱负、追求卓越等,也有"直挂云帆济沧海"的意境。

致远,体现了一种矢志不渝的精神,它要求我们正确认识和处理理想与现实的关系,既要立足现实,又要不畏浮云遮望眼;既要脚踏实地,又要仰望天空。曾子曰:"士不可以不弘毅,任重而道远。仁以为己任,不亦重乎? 死而后已,不亦远乎?""博学而笃志,切问而近思,仁在其中矣。"(《论语·子张》)实现远大的理想,成就事业抱负,也正是君子人格品质的重要指标之一。君子循梦而行,向阳生长。

著名的哲学家、文学家泰戈尔说过:"不是锤的敲打,而是水的载歌载舞,使鹅卵石更臻完美。"润君教育思想的核心理念是"润君养正,融和致远",通过"润泽"的方式,让每个儿童都受到君子人格的熏陶和教化,通过一种润泽的方式让他们从小亲近君子、认识君子、学做君子、做好君子;通过"养正"来涵养每个儿童(特别是小学阶段的孩子)的身心修养、文化修养、能力修养的正道,帮助他们走好第一步,扣好第一粒扣子,以培育每个儿童健全的人格;通过"融和"来引领每个儿童实现自身的全面发展、个性发展、和谐发展,使他们拥有经世致用(健康和担当)的能力;通过"致远"帮助每个儿童树立远大的志向,培育弘道担当的家国情怀和实现人生理想的意志。简单地说,润君教育就是通过君子文化的润泽帮助每个儿童涵养君子人格的正道,用丰润的课程引领每个儿童融和各种素质走向幸福生活的远方。"润君养正,融和致远"理念是通过润泽君子人格来涵养每个儿童的正道,是中国传统教育思想精髓的传承;通过开发和实施校园"六节"活动来培养孩子习得"新六艺",促进每个儿童全面发展、个性发展、和谐发展,是现代教育与传统教育的有机融合;通过建立"五大"实践教育基地,引领孩子在实践中学习、体验,在探索中培育实践能力和创新精神,是人的发展和自然和谐共生的要求有机融合;通过项目任务式主题研究活动,引领孩子从项目入手,自主设计活动方案、自主管理活动过程、自主提炼活动总结、自主展示活动成果,培育自主思考、合作探究的学习能力,是学校教育与社会需求的有机融合,使每个儿童成为道德高尚、学识渊博、勇于担当的时代小君子。

二、润君教育对君子人格标准的界定

通观《论语》,孔子把"仁""知""勇"看成"君子"理想的三要素。他在《宪问篇》中提及:"君子道者三,我无能焉:仁者不忧,知者不惑,勇者不惧。"在通达聪明的子贡看来,这恰是"夫子自道"。"仁""知""勇"皆可统一在"仁"这一最高概念之下,所以坚守仁德,秉持道义,君子便可等同于"仁者"。孔子的君子观内涵具体要求表现为仁、智、勇三个方面。

（一）仁：君子之核——坚守仁德，秉持道义

在孔子的思想里，君子视"仁"为毕生追求和终极目标。"仁"是君子的本质和内核所在，无论何时何地，君子都会守住本心，坚守仁德。"君子无终食之间违仁，造次必于是，颠沛必于是。"（《论语·里仁》）这就是孔子眼中的君子：时间再短，哪怕吃饭的间隙，君子也不能违背仁德；境况再窘迫，哪怕匆忙仓促间、颠沛流离时，君子也必定与仁德同在。

孔子将"孝悌"看作做人、做学问的根本，看作每个人的安身立命之根。《论语·学而》中讲："君子务本，本立而道生。孝弟也者，其为仁之本与！"恰如大树，根深方能叶茂；又如江河，源远才能流长。换言之，君子以"孝"为基本，做好了孝道这一最基础的工作，仁道也就自然产生了。《论语·泰伯》中，孔子论及"君子笃于亲，则民兴于仁；故旧不遗，则民不偷"，君子若能以"孝"垂范，则民众亦效法孝道。所以当人们都自然而然地心怀对亲长的挂念时，"仁"也就自然而然从民众中兴起了。"天下之本在国，国之本在家，家之本在身"的观念传递出家庭的伦理道德原则与国家的政治原则是相同的。在中国人的精神世界中，家国一体，密不可分。

"君子义以为质，礼以行之，孙以出之，信以成之。君子哉！"（《论语·卫灵公》）说明只有秉持公正道义，依照礼法执行，谦逊表达，真诚完成一件事的人，才能称得上是真正的君子。这句话表明君子的根本追求是"义"，君子的言行举止都要考虑是否合乎公平道义。管子说，"义有七体"，意为用孝悌慈惠来奉养亲属，用恭敬忠信来侍奉君上，用公正友爱来推行礼节，用端正克制来避免犯罪，用节约省用来防备饥荒，用敦厚朴实来戒备祸乱，用和睦协调来防止敌寇。这七个方面，都是义的实体。同时，"富与贵是人之所欲也，不以其道得之，不处也。贫与贱是人之所恶也，不以其道得之，不去也"（《论语·里仁》）。世人都想获得富裕与显贵，但富与贵若不能用正当方法得到，那便是有悖道义，玷污人格。所以孔子坚信"君子喻于义，小人喻于利"。孔子对子产的评价很高："有君子之道四焉。其行己也恭，其事上也敬，其养民也惠，其使民也义。"（《论语·公冶长》）在孔子看来，子产是一个有君子之德的政治家，他希望弟子们能治国安邦，也要坚守本心，秉持道义，以君子"四道"要求自己。上述关于仁的阐发用现代人的标准来表述主要体现为：仁爱、谦恭、诚信、友善。

（二）智：君子之翼——博学多能，严于律己

儒家的"君子"是一个动态概念，它是在自我修身律己和广博学习过程中不断提高完善的。"君子求诸己，小人求诸人。"君子遇事先从自身找原因这一特点决定了自身道德修养的高度。"不患人之不己知，患不知人也。""君子病无能焉，不病人之不己知也。"这两句话是说君子轻易不会被外界纷扰打乱内心修养，而是坚定地从自身找原因，不断学习本领，增强做事能力，持续提高自己。反求诸己，层层内转是孔子对君子提出的具体要求，因此成就君子离不开严格的自律和广博的学习。严于律己也可以清晰地从孔子对君子和小人的对比中获知一二。"君子周而不比，小人比而不周。"君子摈弃成见和私心，既不徇私枉法，也不自讳过失，能做到以公允之心对待天下世人。而小人因有私心，又看重财利，所以容易结党营私。这也是"君子喻于义，小人喻于利"的深入体现。

"君子和而不同，小人同而不和。""君子坦荡荡，小人长戚戚。""君子泰而不骄，小人骄而不泰。""君子成人之美，不成人之恶。小人反是。"在与小人的对比中，君子的特点更加鲜明：有容人雅量，尊重不同意见，而非盲目附和；胸怀坦荡，思想坦率洁净，而非忧惧不安；心境泰然自若，绝不傲慢放肆；与人为善，能设身处地为人着想，绝不强加于人。君子既不妄自菲薄，也非妄自尊大，胸怀天下仍长存敬畏之心，在孔子看来，正因为君子敬畏天命，敬畏圣人之言，所以才能行有所止，这是最好的立身处世之道。君子形象是孔子给自己和弟子们制定的一个可供学习并且能够到达的人格标准。金无足赤，人无完人，孔子也不例外，他承认自己的不足，说"君子道者三，我无能焉"。也许正因为孔子坦然承认自己的缺点，才让我们感受到一个不同于庙堂高殿之上的夫子形象。虽然人皆有不足，但君子的魅力就在于不断改正过错。"过，则勿惮改。""君子之过也，如日月之食焉：过也，人皆见之；更也，人皆仰之。"意思是君子有过错，不怕改正，君子的过错就像日食月食，一旦出现，世人皆可见，但却只是暂时存在。错误一旦被发现，君子就会尽其所能加以改正，其人格光辉只会更加耀眼。要想成为君子，必须既要做到"博学于文"，又要"约之以礼"，既要广泛学习文化知识，又要以礼仪约束行为，只有这样才不至于离经叛道。在日常生活中，君子不过于追求物质上的安逸舒适，而是尽可能投身对理想和精神的追求。"食无求饱，居无求安，敏于事而慎于言，就有道而正焉，可谓好学也已。"（《论语·学而》）意思是君子安贫乐道，尊礼，敏事慎言，不断向有德之人学习，匡正

自己,进而不断超越自己。这是孔子教诲弟子不断向君子靠拢,也是他自己一辈子求学精神的真实写照。上述关于智的阐发用现代人的标准来表述主要体现为:博学、多能、灵活、知耻。

(三)勇:君子之本——敏事慎言,弘道担当

"仁"是君子的毕生追求和终极目标,其目的是"推己及人",拯救天下。"君子不可小知而可大受也,小人不可大受而可小知也。"这是孔子在教育弟子正确看待他人与认识自己。虽然君子也有不足,但因道德高、修养好、知识多,足可担当大任。而成就大功业者必定是能够脚踏实地做事情的君子,所以在孔子看来,君子重实干,做事勤敏,谨慎言行,绝不夸夸其谈。子曰:"古者言之不出,耻躬之不逮也。"又说:"君子欲讷于言而敏于行""先行其言而后从之"。足可看出孔子积极入世的人生态度和身体力行的实干精神。在孔子后期学生中,子夏因才思敏捷经常得到夫子的赞许,但在遵循仁与礼方面功夫还不到家。为此,孔子曾告诫子夏"女为君子儒,无为小人儒",就是要子夏做一个有文化传承意识、崇尚道德生命的君子儒,而不要做只为谋求俸禄、看重个体生命的小人儒。在孔子的政治理想中,君子是要致仕、参与社会管理的。哪怕周游列国处处碰壁,回国后投身教育,他也未改变初衷。子曰:"人能弘道,非道弘人。"说明大道之行离不开人,正道之光大也无法背离人,人是至关重要的。"人能弘道"强调的就是当君子面对社会时,要有一种强烈的使命感与担当意识,这是君子理想人格的根本。上述关于勇的阐发用现代人的标准来表述主要体现为:刚毅、讷言、敏行、担当。

上述关于"仁、智、勇"三个方面的标准界定,是现代人在孔子构建的君子人格标准的基础上,融合诸子百家观点对君子人格的阐发。当代国学大师南怀瑾对君子进行总结,认为君子有九德:宽而栗(即宽厚而庄重)、柔而立(即温和而有主见)、愿而恭(即讲原则而谦逊有礼)、乱而敬(即聪明能干而敬业)、扰而毅(即头脑灵活而有毅力)、直而温(即正直而友善)、简而廉(即坦率而有节制)、刚而塞(即刚强而务实)、强而义(即勇敢而又符合道义)。著名的文化学者、散文家余秋雨先生在《君子之道》一书中,对君子也总结有九德:君子怀德、君子之德风、君子成人之美、君子周而不比、君子坦荡荡、君子中庸、君子有礼、君子不器、君子知耻。中央民族大学教授牟钟鉴在《君子人格六讲》中认为君子有六个方面的标准:有仁义,立人之基;有涵养,美人之性;有操守,挺人之脊;有容量,扩人之胸;有坦诚,存人之真;

有担当,尽人之责。厦门大学教授易中天则对君子提出简洁的阐述,君子是有道德、有学识、有担当的时代新人。

(四)仁智勇三达德的相互关系

当然,君子人格是丰富多彩的,孔子关于"君子"理想人格的构建,总体上从仁、智、勇三个层面阐发,上述的林林总总可归结为仁、智、勇三达德。三德并非彼此分开的,而是同一个本体的三个维度,在三个层面中相辅相成,并相互联系、相互作用,构建成"君子"的综合素养,这也正是我们致力培养的社会主义事业建设者和接班人的综合素养。

仁,是人之伦理行为趋于至善境界的内在驱动力。在当代教育哲学层面,仁就是在实现教育目的的受教育过程中,学生获得的使其人格趋于至善的内驱力,这种德性的形成不仅需要使学生养成高尚的人格品质,并且需要不断趋善向善的心性内驱力,是三达德的灵魂。智,是辨别是非善恶和行为价值的能力。在当代教育哲学层面,智就是在实施教育目的的受教育过程中,教育主体即学生形成的辨别是非善恶和行为价值的能力,这种知性能力的形成不仅需要学生具备广博的知识,而且需要具备极高的思维境界,是三达德的基础。勇,是理想得以实现的行为意志,是源于人的自我意识之抉择的意志彰显。在当代教育哲学层面,勇就是在受教育过程中,学生在德性的驱动下,实施知性能力的行为意志体现,是对人的本质力量在改造世界的过程中的全面展开,具有观念形态的属性,是我们所要培养的人的自在性、自为性、精神性的内在统一,是三达德的核心。

仁智勇三位一体是君子的素质,是以仁为灵魂,以智为基础,以勇为核心的综合素质。从现代心理学角度来解读,"智""仁""勇"乃是孔子对君子所构建的理想人格定位,它们分别对应现代心理学所讲的"知"(认知)、"情"(情感)、"意"(意志)。君子的人格特点就在于:认知上达到"智",情感上达到"仁",意志上达到"勇"。换言之,孔子所谓君子,用现代心理学术语来说,就是心理素质全面发展的人。仁智勇三者的和谐统一不仅是检验修身端行成功与否的重要标志,更是衡量经世致用成败的一个多维效果分析体系。

孔子对君子人格的立意很高,规范很严,但没有苛求。君子也会有过错,甚至会犯大的错误,这是司空见惯的。所以孔子说:"君子而不仁者有矣夫,未有小人而仁者也。"(《论语·宪问》)君子也许会干出不仁不义之事,但其仁心尚在,况且能够知错即改,仍会重现君子风度。子曰:"我欲仁,斯仁至矣。"成为君子并不是一件困难的事情,只要愿意,你我皆可拥有君子般的美德,成为真正的君子。由此可见,"君子"既是中华优秀传统文化的重要范畴,是数千年中国优秀传统文化塑造和推崇的人格范式,又是理想而现实、尊贵而亲切、高尚而平凡的人格形象,是可识、可学、可做的。

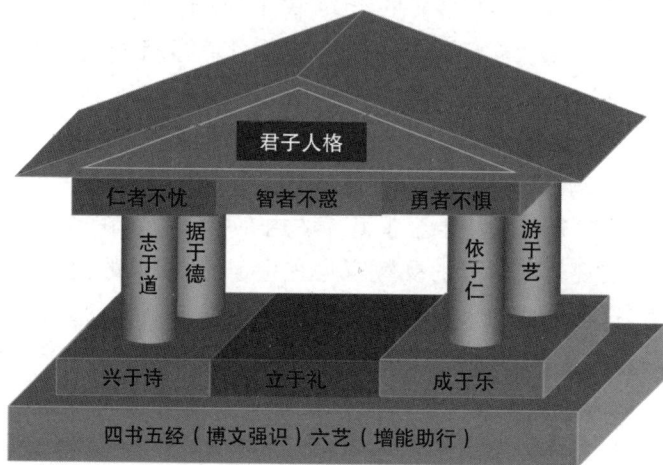

图 1-1　君子人格修身示意图

第四节　润君教育的实施依据

一、历史依据:从中华优秀传统文化中找到君子教育的立足点

优秀的传统文化,代表着文明、高雅;优秀的传统文化,意味着健康、和谐。从《诗经》中"载驰载驱""我心则忧"的许穆夫人到《楚辞》中"九死其犹未悔"的屈原,从"日省三身""君子慎独"的孔子到"我善养吾浩然之气"的孟子,从"斯是陋室,惟吾德馨"的刘禹锡到"安得广厦千万间,大庇天下寒士俱欢颜"的杜甫,从对祖国山河"尧之都,舜之壤,禹之封"的深沉热爱到"在齐太史简,在晋董狐笔,在秦张良椎,在汉苏武节"的庄严责任……这些

脍炙人口、耳熟能详的经典人文,无不指向中华优秀人文文化,中华优秀的传统文化蕴含着丰厚的民族精神和道德理念,对人类的进步和发展产生着广泛而又深远的影响。

余秋雨认为,中国文化没有沦丧的最终原因,是君子未死,人格未溃;中国文化的延续,是君子人格的延续;中国文化的刚健,是君子人格的刚健;中国文化的缺憾,是君子人格的缺憾;中国文化的更新,是君子人格的更新。

中华优秀传统文化理当成为当前落实"立德树人"这一教育根本任务的智慧源泉,作为孔子精心勾勒和塑造的可望可及、可学可做的理想人格,在中华文化数千年演进的历史长河中,受到上至历代思想家及文人士大夫,下至社会各阶层人士包括普通百姓的广泛认同。推崇君子人格,是传统文化内容中的重要组成部分和精华所在。在学校教育中大倡君子之风、培育君子人格、高扬君子精神,发挥着独特的育人作用,是学校的职责所在。

君子文化在我国传统文化中具有极其重要的地位和影响。儒家学说乃至整个中华传统文化,很重要的内容是阐扬仁、义、礼、智、信,以及忠、孝、廉、悌等众多为人处世的伦理规范。这些伦理规范最终都聚集、沉淀、融入和升华到一个理想人格即"君子"身上。君子是人格养成的目标。在社会责任与担当的意义上理解时,"君子"一词与"小人"相对,"君子"被赋予了社会引领者、示范者的意涵,有时则成为"社会精英"的代名词。

《论语·述而》中说:"子曰:圣人,吾不得而见之矣;得见君子者,斯可矣。"孔子的这句话有两层意思:一是把君子的境界规定得非常高,仅次于可望而不可即的圣人。二是君子就在我们的生活中,就在我们身边,是可以"得见君子"的。君子是中国传统文化的理想人格。君子是接近理想而又具有现实性的人格典范,是在现实生活中能够看到和达到的。

晚清学者辜鸿铭说:"孔子全部的哲学体系和道德教诲可以归纳为一句,即'君子之道'。"余英时也说:"依照传统的说法,儒学具有修己和治人的两个方面,而这两个方面又是无法截然分开的。但无论是修己还是治人,儒学都以'君子的理想'为其枢纽的观念:修己即所以成为'君子';治人则必须先成为'君子'。从这一角度说,儒学事实上便是'君子之学'。"①

孔子塑造的君子人格,儒家学派的诸多后继者竭力张扬申说。在道

---

①　余英时.中国思想传统及其现代变迁[M].桂林:广西师范大学出版社,2004:137.

家、墨家、法家,也颇为认同和肯定。

由于儒家思想是中国历代主流意识形态的核心内容,对于先秦儒家关于君子论说的解释和阐发也绵延不绝。一代代学人承接了君子文化的血脉,进而转化为君子文化的实践。从先秦到清末,有关君子和君子文化的论述不仅遍布历代典籍,而且在传统家训家教、民俗礼仪及戏曲说唱中俯拾皆是,这使君子人格意蕴丰富,形态多样。在长期发展中,几乎所有优秀品质都加在君子之上。

君子是我们中华民族的文化理想,是中国传统文化核心价值观的体现,是我们中华民族对于人的生活和人生境界的美好想象。

正如习近平总书记所说:"博大精深的中华优秀传统文化是我们在世界文化激荡中站稳脚跟的根基。"而君子精神作为中华传统文化的珍贵财富,在过去,在现在,在将来依然是我们取之不竭的历史财富、文化财富和社会财富。

二、现实依据:培育和践行核心价值观的体现

文化是一个民族的灵魂,价值观是文化的核心。对一个国家而言,有什么样的价值观就会建设什么样的社会;对一个人而言,有什么样的价值观就会有什么样的人生。习近平总书记高度重视培育和践行社会主义核心价值观,多次做出重要论述、提出明确要求。他领导起草的党的十八大报告提出,倡导富强、民主、文明、和谐,倡导自由、平等、公正、法治,倡导爱国、敬业、诚信、友善,积极培育和践行社会主义核心价值观。这一论述把涉及国家、社会、公民的价值要求融为一体,既体现了社会主义的本质要求,继承了中华优秀传统文化,也吸收了世界文明的有益成果,体现了鲜明的时代精神,对我们培育和践行社会主义核心价值观,推进社会文化建设,具有直接的指导意义。

习近平总书记强调,中华文明绵延数千年,有其独特的价值体系。中华优秀传统文化已经成为中华民族的基因,植根于中国人内心,潜移默化影响着中国人的思维方式和行为方式。不忘历史才能开辟未来,善于继承才能善于创新。当代社会主义核心价值观自然包含着先人留给我们的丰富的精神食粮,比如"天下兴亡,匹夫有责"的爱国情怀;"言必信,行必果"的诚信准则;"己所不欲,勿施于人"的与人为善的态度;"和而不同"的包容精神;等等。这些内容已经融入我们今天倡导的爱国、诚信、友善、公正等

理念之中,以当代价值观的方式继承下来。

社会主义核心价值观作为兴国之魂,孕育于建设中国特色社会主义的生动实践中,又深深扎根在中华优秀传统文化的肥沃土壤里。君子人格文化作为中华传统文化的重要组成部分和精华所在,其中许多内容都是与社会主义核心价值观一脉相承、对接互补的。譬如,历代君子身上都颇为明显地体现出三大特质:以天下兴亡、匹夫有责为重点的担当精神和家国情怀,以仁义共济、立己达人为重点的互助理念和社会关爱思想,以正心笃志、崇德弘毅为重点的修身要求和向善追求。这三大特质,与社会主义核心价值观倡导的"富强、民主、文明、和谐"的国家层面的价值目标,"自由、平等、公正、法治"的社会层面的价值取向,"爱国、敬业、诚信、友善"的个人层面的价值准则等,完全可以对接、互鉴和贯通。这就是说,君子文化是与培育和弘扬社会主义核心价值观能够直接嫁接,并在新时代开花结果的老树新枝。通过这种嫁接,两者在互补互释中相辅相成,相得益彰:一方面,培育和践行社会主义核心价值观获得传统文化这株参天大树庞大根系的丰富滋养;另一方面,君子文化这株昂首向上的千年古木在现代阳光雨露的沐浴和浸润下不断抽出新的枝条,结出新的硕果。由此可见,在学校教育中开展培育君子人格的教育与培育践行社会主义核心价值观有着高度的契合度。

当前,我国正处于建设中国特色社会主义、实现中华民族伟大复兴的历史关头和时代节点上,习近平总书记关于教育的系列讲话明确指出:要把立德树人作为教育的根本任务,要把立德树人融入思想道德教育、文化知识教育、社会实践教育各个环节中,培养德智体美劳全面发展的社会主义建设者和接班人。

立德树人从字面上可以理解为立德和树人。何谓立德? 意思为树立德业。《左传·襄公二十四年》谓:"豹闻之,'太上有立德,其次有立功,其次有立言',虽久不废,此之谓三不朽。"人生最高境界首先是立德有德,实现道德理想。其次,是事业追求、建功立业。再次,是有知识有思想,著书立说。这三者是人生不朽的表现。"立德"居于人生三不朽之首。何谓"树人"? 意思是培养人才。《管子·权修》曰:"一年之计,莫如树谷;十年之计,莫如树木;终身之计,莫如树人。"十年树木,百年树人。立德是树人的前提和基础。青少年学生时代是人生观、世界观、价值观逐步形成的关键时期,如何"扣好人生第一粒扣子"非常重要。

立德树人与中华优秀传统文化有着十分密切的联系,中华优秀传统文化是实现立德树人的源头活水,而立德树人是传承中华优秀传统文化的重要方式。中华优秀传统文化的精髓用一个字概括就是"仁",用两个字概括就是"仁爱",用三个字概括就是"泛爱众",用四个字概括就是"仁者爱人",用五个字概括就是"仁义礼智信"。无论是"修身齐家治国平天下"还是人生的"三不朽",无论是"成人比成才更重要"还是"做事先做人",这些都首先强调的是"德"。国无德不兴,人无德不立。道德之于个人、之于社会,都具有基础性意义,做人做事第一位的是察德修身。

君子人格是中华优秀传统文化的重要范畴,是数千年中国优秀传统文化塑造和推崇的理想而现实、尊贵而亲切、高尚而平凡的理想人格,是中华民族独特的精神标识。中华传统文化中所阐扬的仁、义、礼、智、信及忠、孝、廉、耻等众多为人处世的伦理和规范,最终都集聚、沉淀、融入和升华到一个理想人格即"君子"身上。

在君子人格中,有"君子以自强不息"的自强精神,有"君子以厚德载物"的宽广包容,有"士不可以不弘毅"的刚毅品质,有"夫子之道,忠恕而已"的忠人之性,有"君子一言,驷马难追"的诚信风貌,有"君子爱财,取之有道"的义利观念,等等。这些古老文化正是社会主义核心价值观体系的源泉。学习君子文化,是立德树人的切入点和突破口,也是党的十九大提出的"弘扬中华传统文化"的创新论证。当代,各种各样的"追星族""追款族""追权族"层出不穷,我们亟待拿出为青少年能够接受并喜闻乐见的文化形式,对他们的人生观和生活方式进行因势利导和价值引领。内涵丰厚的君子文化经过系统整理和现代阐发,正可担当此任。君子文化本身所含的家国情怀、修身端行和人生境界等内涵正是青少年追求、仿效的人格理想。

三、实践依据:学校的历史人文传承呼唤君子人格的教育

中国对学生发展核心素养有自己的界定:"主要指学生应具备的,能够适应终身发展和社会发展需要的必备品格与关键能力。"所谓的关键能力,在《国家中长期教育改革和发展规划纲要(2010—2020年)》中也明确提出,教育教学改革要以"能力为重",着力培养学生的学习能力、实践能力和创新能力。必备品格和关键能力是相互依存、相互作用的一个整体。

在中华传统文化中,无论是孔子的"仁者爱人",还是墨子的"非攻""兼爱",或是孟子的"四端"说,它们都以历史的方式,昭示着今天人的发展,昭

示着道德品格与能力的关系。完全可以认定,"必备品格"与"关键能力"的完整表达,彰显的是中国智慧,彰显着中华优秀传统文化的智慧。培养必备品格,就是培养完善的人格,而作为中华民族精神标识的"君子人格",理当是最完善的人格;同时君子以修己安人为己任,修己是对真理道德自学自为的完善,安人是经世致用的体现,经世致用指向的是齐家、治国、平天下,经世致用需要全面的能力来支撑,在这个意义上说,中国学生发展核心素养,落实立德树人的根本任务就是培育适应时代发展、满足社会主义事业所需求的时代新君子。

尤溪是南宋理学集大成者、思想家、教育家、诗人朱熹的诞生地,朱熹平生四十多年从事教育活动,形成了一整套有关教育的理论和方法,他特别崇尚君子人格,即便在离开了尤溪之后,仍先后九次回尤省亲,开坛授学,留有许多楹联墨宝、诗词歌赋、传闻故事,为尤溪积淀了丰厚的文化底蕴,为学校弘扬君子人格提供了强大的理念支持和实践认同。尤溪县实验小学前身为县立高等小学,原址在水南开山书院,就是朱熹创办的南溪书院旧址,开展君子人格的传承和培育,天时、地利、人和。

2009年起,尤溪县实验小学就借鉴朱子优秀思想,开展朱子文化进校园活动,开设朱子文化校本课程,开展"运用朱子文化,促进学生行为习惯养成教育"的课题研究,该课题还被三明市教育局确定为教改试点项目,获评福建省教科所"十二五"规划优秀课题,于2016年获得福建省基础教育教学改革成果二等奖。百年老校,百年积淀,我们在回溯生命生长声音的同时,更要思考如何发展自己,完善自己,聆听面向未来教育的呼声,倾听教育生命拔节的声音,捕捉教育生命律动的脉搏,这样我们才能砥砺前行,向阳而生。我们在对朱子文化的挖掘与传承中,发现朱子教育思想与儒家教育思想一脉相承,都在追求内心的丰盈与外质的锤炼,而由孔子提出并由诸子百家和历代文人精心呵护而来的君子人格更有鲜明的人格形象和社会普适性,更能引领师生去培育和践行,更能适应并落实新时代的立德树人的根本任务,更加适应素质教育的时代要求,更加适应学生核心素养的发展,更加契合培养德、智、体、美、劳全面发展的社会主义事业的建设者和接班人的需求。

因此,我们在总结前期对朱子文化探究的基础上,提出了以培育"君子人格"为核心的润君教育理念。润君教育课程体系是以践行社会主义核心价值观为基石,以传承朱子文化为基础,以润泽"君子人格"为基线,以"修身文化(仁)、智慧文化(智)、笃行文化(勇)"为内核,从德性修养、知性学识与雅性才能入手,多领域渗透、全方位培育的现代少年君子的课程体系,是优秀传统文化的道德修养与现代核心价值观培育的有机融合。因此,润君教育课程体系的提炼是在原有基础上的守正创新,这一理念也是学校深化教育教学改革,探究新时代育人新模式,推进学校内涵发展、品质发展、跨越发展的必然选择。培育时代新君子既立足于传统,又不止步于传统;既有重大发展,又不割断与自己母体文化之间的脐带,而是对传统文化的一种温情和敬意。这得到了全校教师的高度认可,形成了广泛共识,成为今后一个时期学校落实立德树人根本任务的工作主线。

第二章

润君教育的文化观

第一节 润君教育的制度文化概要

一、教师管理制度和学生自治制度

　　制度文化是校园文化的组成部分,是维系师生正常生活和教学秩序必不可少的保障机制。立志追求人生理想,切实把握德行修养,绝不背离人生正途,自主畅享艺文活动,这是尤溪县实验小学制度文化建设的目标。

　　学校制度文化是指学校各项规章制度、岗位职责、工作流程等制度在制定和执行中反映出来的价值取向;是学校的各种规章制度,包括师生的价值观、行为理念在内的精神成果和学校管理思想、管理制度及管理模式的凝结形式。学校制度文化就是指在学校历史发展过程中所创造的、要求大家共同遵守的,具有科学性、思想性、教育性的办事规程或行动准则的物质财富和精神财富的总和。

　　文化是一所学校的精神,制度是一所学校的规范。没有制度的学校等于没有规矩的家庭。制度化是学校规范化的体现,也是推动学校文化建设和发展的重要保障。一种理想的前景是:作为教师,读书乐教,达观育人;作为学生,勤奋好学,积极上进。学校是教师和学生一起生活和成长的一个园地,是他们共同的"家"。

　　基于以上对校园管理中的制度文化的认识,尤溪县实验小学根据学校自身的历史特点和现实状况,从教师和学生两个层面出发,提炼出了两项可以反映和表现校园制度文化的内容。

(一)教师管理制度

尤溪县实验小学实行聘任合同制、岗位责任制、绩效工资制和年度考核制,努力培养积极向上、团结合作的教师团队,着力打造一支作风正派、业务精良的师资队伍,鼓励教师积极开展"君子文化"育人的教育教学改革和实践,对教育教学、人才培养、科学研究、教学改革、学校建设、师生服务等方面表现突出的教职工予以表彰和奖励。

(二)学生自治制度

为了培养学生的君子品行,树立君子风范,尤溪县实验小学规定了学生参加教育教学计划安排的各项活动,学生可以使用学校"君子文化"的相关教育教学设施、设备及图书资料,参加学校管理,评议学校工作和教师工作,在学习成绩和君子风范操行评语上获得教师的公正评价。品行突出、学业优秀的学生可以获得学校设立的奖励及参与学校管理。学校成立了以少先队为主的文明礼仪小天使,以及"书法、棋弈、民乐、创客"四坊、自主书吧管理员和课间纪律安全员,全方位、多角度地引导学生进行自我管理和自我评价,达到自我教育的目的,对符合君子品行的学生和班级及时进行表扬,对不足的进行批评指正,促使学生成为谦谦君子。

二、润君教育制度文化的八个具体内容

(一)学校校训

(1)定义:校训是学校在长期办学实践中形成的,对全校师生具有规范、警策和导向作用,它能概括学校的整体价值取向、独特气质、文化底蕴,蕴含师生的道德理想、人格特点和历史责任。校训是一所学校的灵魂,蕴含着学校的底蕴,是学校的标尺。校训更是全校师生对学校的一种情怀,哪怕离开了学校多年依旧会对校训铭记于心。

(2)润君教育倡导的校训:求实、求新。

(3)阐释:

求实:做人守信诚实,做事认真扎实。

求新:思维守正创新,成长月异日新。

"求实、求新"是对教育本质的追溯。求实——要以脚踏实地、实事求是的态度对待教育,从我做起、从小做起,踏实走好每一步。求新——要以仰望星空、守正创新的精神把握教育,崇尚科学、勤于实践,每天进步一点点。

(二)学校校风

(1)定义:校风是学校风气的总称,包括师生在工作、学习、生活中养成的风气,以及在学校发展历程中所积淀的优良文化氛围。学校的校风建设反映了一个学校的整体精神风貌,是学校文化的积淀,更是全校师生精神和品格的体现。

(2)润君教育倡导的校风:立己达人,知行合一。

(3)阐释:

"立己达人"语出《论语·雍也》:"夫仁者,己欲立而立人,己欲达而达人。"这是孔子的一个重要思想,也是实行"仁"的重要原则。立己即自律自强,强调要有笃学求实、崇德向善、明理修身、勤苦自立之心;达人即尽责尽心,强调要有心存仁爱、敢于担当、推己及人、兼济天下之责。立己着眼于增强自我修养,达人侧重于个人的社会责任,二者紧密相连,辩证统一,立己达人彰显了立德树人的丰富内涵。立己达人倡导全校师生要有家国情怀和使命担当,把远大的理想抱负和锲而不舍的努力结合起来,既要志存高远、敢为天下先,又要脚踏实地,从点滴做起,不断修德进业、完善自我、服务社会,实现个人与社会、自我与他人的协同共进、和谐发展。

立己达人也是引导教师形成良好的职业情感,收获职业幸福感的需要。教育是"立人"的事业,己欲立而立人。所谓"立人",强调的是两层意思:一是教师提升自我修养,树立良好的职业形象,立德、立言、立行;二是通过成就学生来实现自我价值。所谓"达人",指的是己欲达而先达人,与他人合作发展自己,最终成就事业。立己达人也是引导教师树立献身教育的大爱情怀、孜孜以求的专业态度、成就他人的合作精神、荣辱与共的主人翁意识。

教师的意义是在成全自我生命成长的同时,成全无数孩子生命的诗意绽放。这正是教师职业崇高之态,更是立己达人的最佳诠释。

荀子说:"道虽迩,不行不至;事虽小,不为不成!"教育是大事,立德树人是一种理念,而践行这种理念需要"知行合一"。

知行合一是由明朝思想家王守仁提出来的,即认识事物的道理与在现实中运用此道理是密不可分的。坚持知行合一的辩证统一关系,即认识与实践的辩证统一。"知",主要指人的道德意识和思想意念。"行",主要指人的道德践履和实际行动。因此,知行关系,不仅指道德意识和道德践履的关系,也包括思想意念和实际行动的关系。知中有行、行中有知,才实为真正的知。在知行合一的思想指导下,要求人们确立明确的思想观,定要亲身实践才行。近代著名思想家陶行知就提出"教学做合一"的教育理论,他认为"光学而不做或是光教而不做"都不是完整正确的教育。无论是"教师"的"教",还是"学生"的"学"都必须重视实践。学者钟志贤先生也将"知行合一"作为现代教育事业中培养健康人格和完美个性的重点。

(三)学校教风

(1)定义:教风就是教师在治学态度、教学育人、科学研究等方面形成的良好风气。

(2)润君教育的教风:春风化雨,润物无声。

(3)阐释:

春风化雨:斯普朗格说:"教育的最终目的不是传授已有的东西,而是要把人的创造力量诱导出来,将生命感、价值感唤醒。"教育就是要培养学生的才能,释放学生的潜能,充盈学生的个性,通过激励、唤醒和鼓舞,激发学生的学习动机,唤起学生的求知欲望,从而点燃学生的智慧火花。春风化雨的教育,就是教师有灵性,有能力,有智慧,像养水仙花一样做教育,当好"产婆"和"桥梁",能够"因材施教""以学定教",采用启发式教学,让学生成为"知识、能力与美德的综合体"。春风化雨的教育之下,和风吹拂,春阳普照,天地万物,俱润其泽,向阳而生,桃红李白,春暖花开。

润物无声:苏霍姆林斯基提出,要让教育的痕迹尽可能淡化,"教育的意图隐蔽得越好,教育效果就越佳"。教育是爱的事业,教师以爱为源,用心关怀每个学生,具备"水善利万物而不争"的品格,滋润万物却功而不居,用无痕的师爱去温润每个学生的心灵,让学生在春风化雨般的师爱中健康、快乐地成长。

(四)学校学风

(1)定义:学风是学生在学习过程中应该养成和遵循的风气,是取得良好学习效果和成人成才的保证。

(2)润君教育倡导的学风:习与智长,化与心成。

(3)阐释:

赫钦斯说:"人作为人的功能在每一个时代、每一个社会都是一样的,因为它都源自人的天性。每一个时代、每一个社会的教育系统得以存在的目标都是一样的:它提升作为人的人。"

朱熹在《小学》原序中说:"古者小学,教人以洒扫、应对、进退之节,爱亲、敬长、隆师、亲友之道,皆所以为修身、齐家、治国、平天下之本,而必使其讲而习之于幼稚之时。欲其习与智长,化与心成,而无扞格不胜之患也。"

习与智长:"习"的内容或范围,首先是行为之"习",其次是知识之"习"。归纳起来,"习"主要作"学习""践习""习惯"解。"智"取"内部思虑"之意,包括对知识的了解、感悟和掌握。"智"的增长体现在三个方面,一是知识的增长,二是对知识的运用,三是总体上内在思想的圆熟。"习与智长"是行为、信息、知识及理解的改善或增长,它强调通过践习来扩大信息面,巩固知识、增进理解。

化与心成:"化"主要有三层意思,一是教化,二是感化,三是化成。同时也存在"化家族""化物我""化天下"的三种境界,三种化成境界都是"自化"然后方能"化他"。"心"是指意念、情意、态度,侧重于理解、态度有关的情感性原理的教育。"化成"是手段,"心成"是目的,"化成"的方向应指向"心成"。在"化成"与"心成"的关系中,最核心的是情感,情感在两者关系中起关键作用。在感化的阶段,情感的认同和愉悦是达至感化效果的关键,在心成的结果中,理解、态度中最主要的成分是情感。化成的完成意味着心成,意味着"止于至善"。

"习与智长,化与心成"是一种学习规律、学习原则、学习思想。作为学习规律,它中性地揭示学习发展的态势,强调"践习"与"感化"的作用,突出通过"习化"来完善"心智",达到培养"人才"(人+才)的教育目的。与联合国教科文组织提出的"学习"概念定义("行为、信息、知识、理解、态度、价值和/或技能的提高")有异曲同工之妙。"习与智长"对应行为、信息、知识的提高或改善,"化与心成"对应理解、态度等的提高或改善,"习化相生""心智并成"对应价值观的形成、技能的完善。

"习与智长,化与心成"作为学习原则,它积极而充分地利用习智之间的习长促进智长、化心之间的化成,指向心成的相关性规律,揭示出教育应引起学习活动的发生。

"习与智长,化与心成"作为学习思想,它主要倡导促进学习活动的发生,是指向学习、指向成长的思想,是目的、目标、原则、手段性思想的统一,强调从外在引导学生主体的学习,促成心智的成长,强调教师主体言传身教一致的重要作用。

"习与智长,化与心成"的教育能够培养完整的人,培养有文化归属的人,有人文关怀的人,这也是教人"做人"的教育目的之所在。教育内容、方法、过程和目的具有统一性,才有利于培养完整的人。润君教育是教人"做人"的教育,是重"人"的教育,是从我国优秀传统文化中汲取最为合适的内容,运用最为恰当的方法,以教人好好"做人"的教育。从现代教育意义上讲,润君教育也是涵盖现代学习和教育中"四大支柱"(学会学习、学会做事、学会共处、学会生存)的重要内容。

（五）办学策略

（1）定义:办学策略是从学校的现实形态中高度概括出来的,为提升学校的核心竞争力而着重实施的策略。

（2）润君教育倡导的办学策略:构建"润"之体系,打造"君"之品牌。

（3）阐释:

润君教育追求让成长温润而泽,它致力于提升学生的人文素养,同时也浸润了深切的人文关怀。"润君教育"的具体行为包括:

温润管理——人文管理,刚柔并济,规范高效,和衷共济;

雅润师资——博学儒雅,技艺精湛,仁爱存心,与人为善;

沁润德育——情感陶冶,立德树人,活动体验,春风化雨;

丰润课程——修己成仁,启发智慧,多元生长,力行求新;

灵润课堂——以学为本,合作探究,诗意交流,生命灵动;

和润评价——目标导行,自主多元,激发潜能,臻于至善。

各部分之间相互联系、相互制约、相互影响,构成了一个有机整体,形成了以"润泽"为鲜明特色的校园文化体系,体现了"让生长温润而泽"的润君教育理念内涵。

品牌是学校赢得学生、家长和社会认可,求得生存与发展的关键所在,良好的学校品牌形象也可以为学校创造发展契机,因此,学校必须树立品牌意识。尤溪县实验小学立足新时代立德树人的根本任务,挖掘中华优秀传统文化的核心内容,融合地区文化特色,承接学校传统,创新性地提出以培育君子人格为核心的润君教育理念,尊重传统文化,体现社会主义核心价值观理念,遵循教育发展规律,彰显以人为本,营造立己达人、和衷共济的诗意校园,打造"润君教育"品牌,培养既有民族魂又具世界眼的时代新君子,推进学校实现富有生命力和创新力的可持续发展。

（六）管理原则

(1)定义:管理原则是学校管理工作的基本准则。

(2)润君教育倡导的管理原则:温润管理,和衷共济。

(3)阐释:

管理是学校各项工作的核心环节,管理出效益,管理出成绩,管理出人才,管理的水平决定着学校事业的兴衰成败。我们从学校润君教育理念出发,提炼出学校管理理念为温润管理,即春风细雨,管理无痕,用一种柔性的管理方式提升学校办学水平,具体到实践中,我们力推温润管理。

"教育不是注满一桶水,而是点燃一把火。"(叶芝)这一观点同样也适用学校管理,温润管理就是通过激励的方式来实施管理,激励出一种力量和信心,用激励来营造和谐融洽的氛围,用鼓励来不断传递对被管理者的尊重、信任与关怀的信息,让被管理者从每一次的激励中获得价值满足,从而更积极地工作。温润管理主要着眼于管理态度,指向学校领导对教职员工、教师对学生要倾注真情,倾注真爱,适时激励和赏识,这样才能凝聚人心,推动学校前进的步伐。

温润管理不是无原则的放纵管理。管理者一方面要用情感去爱护师生,感化师生,让他们感受到一种如沐春风的温暖;另一方面,在是非曲直面前,要坚持原则,不迁就,不姑息,不充当老好人。温润管理是一种追求方法的刚柔并济,是一种追求态度的平心静气,是一种追求共同理解的认可认同,是一种追求目标一致的和衷共济,进而实现学校和谐快速地发展。

（七）人才理念

(1)定义:人才理念即学校的用人观念、用人思想。它包含"充分尊重人才,广泛发掘人才,精心培育人才,放手使用人才"等四方面的内容。

(2)润君教育倡导的人才理念:举贤任能,才尽其用。

(3)阐释:

举贤任能:推举品行正直的人,起用才能出众的人。《中庸》中说"义者,宜也,尊贤为大",明确推行道义以尊贤为要,认为事业的兴衰关键在于人才,而选拔人才首先取决于他自身的品德修养,不论资排辈、任人唯亲,搞裙带关系,要任人唯贤,选拔的人才必须德才兼备,以德为先。

才尽其用:每个人都充分展示自己的才华与才能,用自己的才能做好工作。学校就要尽力为教师创造学习和发展的良好氛围和机会,要有计划地保护人才和充分发挥人才的能力,给他们发展的空间,要建立人才管理信息系统,使人才的培养、使用、储存、流动等形成一整套体制,做到人尽其才、才尽其用,让学校始终充满活力。

（八）服务理念

(1)定义:服务理念即学校各层领导对教职员工,全体教职员工对学生及其家长所应遵循的理念。

(2)润君教育倡导的服务理念:以仁存心,盈润生命。

(3)阐释:

君子,以仁存心,仁者爱人。教育是爱的事业,爱心是从事教育事业所应具备的重要条件,爱的力量是教育中的重要力量。以仁存心,盈润生命是学校的服务理念,关心教师生活,关爱学生成长,想师生之所想,急师生之所急,充分地尊重、理解和信任他们,为师生的未来发展提供广阔的舞台和广袤的空间。教师之爱,体现在要用充满仁爱的眼神去注视孩子,用仁爱的笑容去激励孩子,用仁爱的语言去鼓舞孩子,用仁爱的动作去感染孩子,用仁爱的规范去约束孩子,用仁爱的胸怀去包容孩子,让师生的心灵在仁爱的团队里产生共鸣,让每一个学生都真切地感受到仁爱的温暖,激发他们在追求"真善美"中去快乐成长。

第二节　润君教育的文化实施机制

一、科学实施的教育队伍基础

我们通过实践探究,从君子人格的"三达德"入手,结合社会主义核心价值观,形成了君子之仁、君子之智、君子之勇三个模块的课程。君子之仁课程以礼、义、信内容为主,结合学校实际和学生的年龄特点,我们编制了尤溪县实验小学"六礼""诚信"绘本教材。君子之智课程是在落实基础型课程(国家级课程)的基础上,开发拓展型课程(以社团活动为主)和探究型课程(以机器人创客课程、研究性课程、综合实践性课程、主题项目式课程为主)。君子之勇课程即开展形式多样、内容丰富的"六节"活动,促进学生对"新六艺"的研习。

为了达到对课程引领的实际教学效果和作用,从教师层面上形成了"四支队伍"。

(一)以项目团队成员为领头雁,将君子人格的培育落实到校本教材开发中

一是通过收集孝敬父母《为母守墓》的故事、《朱子家训》和儒家关于"礼、义、信"方面的内容,结合学生年龄特征和可以接受的要求,初步编写了《君子之仁》的校本教材;二是通过收集勤学好问的《朱子问天》《沙洲画卦》《半亩方塘二度桃》《六龄孩童胜棋王》等故事,《童蒙须知》《劝学》《春日》《观书有感》《苦雨》等适合小学生学习的优秀著作、诗词,以及儒家关于"智"的内容编写了《君子之智》校本教材;三是收集了学术求真的《鹅湖之会》《手植香樟荫百世》的励志故事及"新六艺"——礼(守规则)、乐(善审美)、射(知健体)、御(会阅读)、书(写好字)、数(会探究)教学内容编写了《君子之勇》校本教材。教材编写为君子文化校本课程的开设提供了保障,教师有本可教,学生有本可学,利于促进孩子"亲其师,信其道,仿其行",从而规范学生的言行举止,引导学生崇尚君子人格。

(二)以学科任课教师为排头兵,将君子人格的培育渗透到学科日常教学中

如课前三分钟,选择诵读《论语》《朱熹诗词》《朱子家训》等;在写字课上组织学生书写《论语》以及朱熹的优秀诗词、语句;在美术课上组织学生绘画传说中孔子和朱熹生活的各种画面;在音乐课上组织学生学唱用朱熹诗词编写的歌曲,自编自演有关孔子、朱熹的礼乐舞蹈等。通过读、诵、说、唱、讲,弹、演、奏、画、舞等形式多样、内容丰富的实践活动,让孩子从小识君子、学君子、做君子,把对君子人格的熏陶培育与各学科教学有机融合起来,收到春风化雨般的效果。

（三）以德育教师队伍为主力军，将君子人格的培育植入行为习惯养成中

如可让学生讲述《朱子问天》等故事，激发学生勤学好问、热爱科学的情感；讲述《为母守墓》等故事，对学生进行孝亲敬长教育；讲述"朱熹生活、求学、处世各方面的勤谨故事"，以及对《朱子家训》《朱子训子从学帖》及有关诗词的学习，培养学生对待每件事勤做勤整理的好习惯；还可以通过讲述有关朱熹励志的故事，引导学生把自己的荣辱与学校、家乡、祖国的发展联系在一起，引导学生从小树立远大志向，胸怀祖国，放眼天下；还可以选择"勿以善小而不为，勿以恶小而为之""有过则速改，不可畏难而苟安也"等名言作为班级的座右铭等，强化学生的养成教育。

（四）以综合实践活动教师为勤务兵，将君子人格的培育融入各项活动中

开展形式多样的项目研究，尤其是开展各种有趣的活动，通过活动使学生得到教育。如可以开展朱熹诗词朗诵会，使学生学到更多的朱熹诗词；开展讲朱熹故事竞赛，让更多的人知道朱熹的生平事迹；结合综合实践活动开展朱子文化研究性学习，让学生在实践本真的探寻中进一步感受朱子文化和君子人格。

二、科学实施的整体教育策略

经过多年的教育实践探索，我们初步形成了"一体两翼三助力，六节活动长六艺"的课程实施策略。"一体"，就是以培养谦谦君子少年沈郎为主体；"两翼"，就是以书香校园建设和墨香校园建设为两翼；"三助力"，就是以君子文化课程、综合实践活动、生命灵动课堂为助力，促进学生君子人格的形成。

（一）以培养谦谦君子为主体——养浩然之正气　铺幸福之底色

"君子"是由孔子精心倡导，并经诸子百家精心呵护而成的理想人格，其内涵发展大体经历了三个阶段：一是先秦典籍中的君王之子，指政治地位崇高的人或是贵族男性的尊称；二是由孔子赋予了道德的含义，指人格高尚、有道德、有修养的人，表现为仁者不忧、智者不惑、勇者不惧的人；三

是现代君子的特征,指道德高尚、学识渊博、勇于担当的人。君子的博学、仁爱、谦恭,一直是人们所尊崇的。它的基因流淌在每一个中华儿女的血液里,徜徉在神州大地的每一寸大地上,弥漫在五湖四海的每一份空气里,历久弥新,生生不息,已经成为中华民族的精神标识和集体人格。

教育对"君子"完善的人格缔造起了至关重要的作用。无论是落实"立德树人",还是践行社会主义核心价值观;无论是传承中华优秀传统文化,还是培养科学精神、创新意识,其目标终将归结为培养道德高尚、学识渊博、勇于担当的新人,这样的新人就是我们呼唤的"君子"。

润君教育理念所追求的是一种润泽式的教育。对于教育的主体而言,追求的是滋润万物——面向全体,有教无类;对于教育的过程而言,追求的是润物无声——以人为本,因势利导;对于育人的目标而言,追求的是温润无瑕——习与智长,化与心成。

学校教育需要回溯生命前行的声音,捕捉教育生命律动的脉搏,倾听教育生命拔节的律动。在润君教育理念指导下,学校开发和实施"一本三德九篇十二课"系列校本课程,其目标指向让孩子内心丰盈与外质完满,成为道德高尚、学识渊博、勇于担当的时代小君子。

"谦谦君子,陌上其华。"君子成为一种理想,我们追寻;君子成为一种人格,我们历练;君子成为一种目标,我们求索。只要你愿意,与"君"同行,未来可期!

(二)以书香校园建设为左翼——书香溢满校园 阅读点亮人生

习近平总书记说过:"读书可以让人保持思想活力,让人得到智慧启发,让人滋养浩然之气。"读书可养浩然正气,可以塑造人格已经成为我们的共识。让读书成为最美的生命姿态,让阅读如同呼吸一样自然,让阅读成为生活的一种习惯,阅读理应成为学校最美的风景线。

国家教育部原总督学柳斌说:"一个不重视阅读的学生,是一个没有发展的学生;一个不重视阅读的家庭,是一个平庸的家庭;一个不重视阅读的学校,是一个乏味的应试学校;一个不重视阅读的民族,是一个没有希望的民族。"

君子当博学广识,而博学广识需要以广泛的阅读为基础,因此打造书香校园是润君教育的内涵之一。子曰:"好学近乎知,力行近乎仁,知耻近乎勇。"他认为,成为君子必须"兴于诗,立于礼,成于乐"。这里的"好学"和"兴于诗"中的"诗"应指向的是阅读,指向的是人文的积淀。朱熹的"立身以立学为先,立学以读书为本"更直接表达了阅读的重要意义。由此可见,阅读对人的成长、成人、成才是多么重要。

经典是我们民族文化的重要标志,是人类的共同财富,成为启迪一代又一代人的智慧、丰富我们情感世界的精神源泉。诵读经典,可以体味感悟人生哲理,陶冶情操,砥砺心志,滋养优秀文化传统,是中国传统的治学、修身途径。今天,弘扬中华优秀传统文化,建设中华民族共有精神家园,增强中华文化在世界的影响力,需要我们更加重视和发挥传统文化在提高人文素养、增强民族凝聚力、提高文化软实力方面的独特作用。通过书香校园建设,引领师生诵读经典、亲近圣贤,是继承和弘扬中华优秀传统文化的直接而有效的途径,更是成就新时代"君子"的最有效举措。

(三)以墨香校园建设为右翼——翰墨滋润心灵　书道亮丽人生

在润君教育理念的引领下,学校以君子文化立校,提倡"书写立人、书法修身",把书法教育列为培养君子的"新六艺"内容之一,通过书法教育让全体师生充分认识书法是中华民族的瑰宝,是屹立于世界的民族特征,理应得到弘扬和传承。书法教育意义深远,它既能育德益智,又能养心健体;既有利于实用,又关联着艺术;既训练基本技能,又培养全面素质;既是培养学生写规范字,继承和发扬祖国传统文化的需要,又是开展"写好中国字"培养新时代君子的基础;既是爱国主义教育的具体内容,又是培养学生学会学习、学会创造、学会审美、学会发展的综合素质观的具体体现。为此,学校坚持把书法教育作为全校教育教学工作的重要组成部分,并作为学校教学工作中的一大特色,目前已有了良好的社会影响,成为全国首批书法教育示范校,书法教育深受学生家长的喜爱和社会各界的普遍赞誉。

三、书香校园文化建设的六种方法

(一)营造氛围,让校园有书香

子曰:"与善人居,如入芝兰之室,久而不闻其香,即与之化矣;与不善人居,如入鲍鱼之肆,久而不闻其臭,亦与之化矣。"足可见学习的氛围和环境对人的影响之大。说起阅读,我们首先想到的是图书馆,阿根廷国家图书馆馆长、著名作家博尔赫斯说过:"我心里一直都在暗暗设想,天堂应该是图书馆的模样。"因此,一个学校图书馆的模样往往是评价一个学校对阅读重视程度的重要指标之一。

尤溪县实验小学十分重视图书馆建设,早在10年前学校就对图书馆进行了规范的建设,并通过了省级示范图书馆的验收,由于创建时间较早,现在的环境对于满足师生的要求,固然存在一定的距离,但打造轻松、温馨、自主阅读环境,让图书馆成为师生最乐意去的地方却是我们不懈的追求。我校的图书馆面积近400平方米,由存书室、借阅区、办公区和阅览区4个部分组成,图书存有量近10万册,订阅60多种儿童期刊,还配有电子阅览设备,安排3位图书管理员和30名学生志愿管理员,保证图书馆全天候向师生开放。

同时,在每个楼层的连廊处都设立了自主管理的"阳光小书吧",小书吧的图书按年段、班级由学生轮流提供,图书由哪个班提供,小书吧就由哪个班级来管理。这样的管理模式对学生的阅读和管理都是一种检验和实践,具有自主性、便捷性和实用性。同时,在每个班级开辟图书角,班级的图书提倡统一购买,私人拥有,班级共享,进一步为学生的课间生活提供了丰富的精神食粮,让阅读随时随地真实地发生。

学校注重阅读氛围的营造,布置了书香路,介绍了有关四书五经、经典国学及读书方法方面的内容,图书馆每周有新书推荐,每周二早会时间为班级好书推荐时间,课间操后有好书推荐和好书分享。这些活动旨在提升、促进学生的阅读意识。

(二)教师领航,让阅读有榜样

读书使人聪慧,读书使人高尚,读书使人文明,读书使人明理。有专家认为,要让孩子喜欢读书,教师必先喜欢读书。阅读之于教师,其实就是划分教书匠和艺术家的一个分水岭。一辈子教学,尽管勤勤恳恳,但从不或者极少阅读教辅材料之外书籍的老师,终其一生,最多也还只能是一个熟练"技工"而已。而总览所有的名师,没有哪一个人是脱离了博览群书这一基本点而凭空一夜成名的。教育没有什么先天因素,要有成就,唯一的方法就是学习,就是阅读。阅读可以丰富教师的人文底蕴,拓宽教师的视野,提高教师的审美情趣,实现有效的学科跨界,让教师成为学生心目中"学识渊博"的智者;阅读可以让教师提升教育水平,更新教育理念,让教师教育策略更丰富,教育方法更多元,教育理想更崇高。

因此,我们特别关注教师的阅读,除每年为教师订阅一份报刊外,每学期还为教师赠送一本他们喜欢的书。前两年我们采用教师报书名,学校统一采买的方式,这样的书教师固然喜欢,但形不成阅读氛围。从本学期开始,我们以征求部分教师的意见,分语文、数学、综合三个读书小组,每一小组购买同一本书,以"1+1"读书俱乐部方式进行阅读,每次召开工作例会之前举办阅读沙龙(青年教师阅读沙龙、名师阅读沙龙、年级教师读书沙龙、教师读书笔记展评、读书成果分享、网络读书)等活动,推进教师保质保量的阅读。我们还邀请作家及名师到校开设讲座,指导教师阅读。每个学年进行阅读心得汇编和书香教师评选活动,并进行隆重的表彰,进而促进教师全员阅读、全面阅读、深入阅读。

(三)课程落实,让阅读有时间

"三更灯火五更鸡,正是男儿读书时。黑发不知勤学早,白首方悔读书迟。"这是唐代杰出书法家、文学家颜真卿的劝学诗,诗中真切地表达了读书需要时间的保证。《中小学读写现状调研报告(2019)》显示,虽然有接近九成的受访者对阅读感兴趣,超过九成的受访者对课外读物感兴趣,但近七成中小学生每天阅读时间低于一个小时。而且随着年龄的提升,每天阅读时间不足一个小时的学生明显增多。有专家指出,对于中小学生来说,兴趣不是问题,读物也不是问题,时间才是问题。

学校为保证学生的阅读时间,我们以新教育实验打造书香校园的阅读方式来推进,即晨诵、午读、暮写,这是新教育实验倡导的一种回归朴素的儿童生活方式。晨诵,即通过晨诵培养一种与黎明共舞的生活方式,习诵、领略优美的母语,体验诗歌所传达的情怀、美感及音乐感,晨诵的内容有"弟三百千"、朱子诗词、唐诗宋词、经典诗词、现代应景诗等,让琅琅的书声开启每一天的精彩,让儿童在吟诵时感受与理解,传递人类美好的愿望与情愫。午读,即中午学生进校后马上进入20分钟阅读模式,让孩子在曼妙的轻音乐声中,徜徉在经典中,与智者对话,与先贤交流。代表的是整个儿童阶段的非科学性质的阅读,核心内容就是阅读属于他们自己的童年书籍。为保证学生的阅读力有所提升,我们采取图书漂流的方式进行,因学校学生比较多,每个年级都设有8个班,学校每年以班级为单位为学生添置一本书,同一个班级为同一本书,不同班级配置不同的书,要求每个学生一个月要阅读一本书,次月这个班级的书将漂流到下一个班级,一年下来就保证每个学生阅读8本书。这些精心挑选的书籍,会在娓娓动听的故事中,告诉孩子和平、尊重、爱心、宽容、乐观、责任、合作、谦虚、诚实、朴素、自由、团结、专注、想象、宁静、勇气、敬畏、热忱、虔诚、感恩、纪律、反思……在这样的不断给予、反复唤醒中,孩子心灵深处那些与生俱来的真、善、美的种子,由此得到充分滋养,最终悄然萌芽。暮写,就是学生每天在完成学业以后,用随笔和日记(一年级以口语表达)等方式记录每天的生活。教师与学生用日记记录自己的成长,亲子之间、师生之间用词语相互激励、抚慰,这就使暮写成为一种日常工作的生活方式,养成一种写的习惯,达到学思结合。

(四)教学研讨,让阅读有方法

阅读是运用语言文字获取信息、认识世界、发展思维、获得审美体验的重要途径。建设书香校园,推广全民阅读,关键要在扩大学生阅读面,增加阅读量,提高阅读品位上下功夫。为达成这样的目标,我们遵循尊重儿童、依靠儿童、发展儿童的原则,学校在语文学科课时中,独立开辟每周一节的阅读指导课。为提高阅读指导的课堂效益,2015年就引领了部分教师进行主题阅读实验,以教材为主,配套《经典诵读》《主题读写》课外阅读教材为辅的"一主两翼"教学模式的研究和实践,开展以文带文、读写联动等七种基本课型研究,以实现课堂阅读教学向学生课外阅读的迁移、拓展延伸,提高学生的阅读总量。2018年根据进修学校的推荐安排,我们在假期派出了三位语文教师作为"群文阅读"模式的影子教师到重庆去参加培训,本学期开始他们开始了群文阅读的研究和实践,找到了若干个与课外有机融合的生发点和切入点,收到了良好的效果,有效地实现了"教好一篇课文,带读一本好书"的阅读推动目标。

学校开展阅读指导课的教学实践,旨在让每位语文教师获得快速、便捷、高效的阅读指导能力,进而培养孩子高效阅读能力的形成,达到"得法于课内,得益于课外"。我们认为,阅读指导要努力做好三种课型的研究与指导工作:读前推荐课、读中指导课和读后分享课。读前推荐课分为四个环节:①走近作品,激发兴趣。通过背景介绍、作者简介、出版资讯、名人评书、读前猜想、音像片段等方法,引领孩子在思想上走近作品,在情感上走近作品。②把握沸点,欣赏片段。通过精彩片段的呈现和阅读,引发学生个性化的阅读感悟,引导学生初步欣赏,激发孩子阅读动机,渗透体会语言文字的方法。③总体把握,制订计划。通过阅读的心得介绍,帮助孩子整体把握作品。总览概要、前言、后记及目录,引导孩子体会作品特点,结合实际制订阅读计划。④问题引领,走进作品。通过设置感知性、理解性、评价性及探究性问题等层次不同、价值不同和共鸣程度的整体性问题,强化孩子阅读动机,带领孩子深入阅读。读中指导是阅读指导的核心环节,它承前启后,是保持孩子持续阅读的关键,以给孩子创造展示与交流的机会为主,培养学生主动阅读、深度阅读、协作阅读、探究阅读的动力源泉。主要分五个环节,即读情汇报(重点检查读书笔记、发现困惑、展示优秀)、内容梳理(梳理内容要点、人物个性、情节脉络)、重点关注(走进人物、品味语言、感受风格、体悟情感)、分享交流(交流个人理解、角色品读、故事创编、配乐朗诵)、读法指导(交流读法、规范笔记、教练标注、品味精髓)。读后分享课是阅读的重点环节,旨在提升学生阅读感悟,体味作品意蕴,体验成功快乐,为学生的后续阅读提供源源不断的动力。主要有三个环节:反馈个人心得(阐述具体见解、提炼作品精华)、小组整合汇报(融合他人观点、促进深层理解)、延伸思考(开展书评辩论、融合生活体味)。读后分享要契合学生的年龄特点和心理特征,关注习惯培养,体验阅读快乐,保证阅读质量,倾听生命拔节的声音。

读与研的尝试融合,是保证阅读质量、推进书香校园建设的不竭动力。学校教师根据学校及自身的实际,开展深度阅读的相关课题研究,如由黄秀琼老师主持的福建省"十二五"规划课题"阅读漂流活动中小学生的习作指导",获得优秀课题;由吴启横老师主持的福建省"十二五"规划课题"小学数学课外阅读兴趣培养的实践与研究",获得了良好等级;还有十多个市县级课题研究成功结题,为学校书香校园建设注入了强盛的活力。结合课题研究,我们还开发了多种校本阅读教材,如《朱子诗词赏析》《君子文化通识读本》《君子之仁》《君子之智》《君子之勇》等,有效地促进了阅读活动的深度开展和书香校园的内涵提升。

(五)多彩活动,让阅读有快乐

书香校园建设,离不开形式多样、内容丰富的阅读活动,让孩子在多姿多彩的阅读活动中体验读书的快乐、分享读书的幸福。我们主要开展以下五个方面的活动来推进:

一是开展"我与作家零距离"活动。好书离不开作家的辛勤耕耘,让孩子与作家零距离接触,与作家面对面交流,倾听作家的创作故事,分享作家成功的秘诀是一项喜闻乐见的事。学校每学期邀请一至两位不同风格的作家(特别是儿童文学类作家)进入校园,为孩子开设讲座,分享写作的故事。作家用生动的语言给孩子们讲述了自己与小说的故事,用自己的创作经历告诉孩子们写作并不是一件难事,只要张开自己的慧眼观察生活,用自己的神笔记录生活,做生活的有心人,就会写出有新意的文章来。让孩子们知道,写自己亲身经历的事,就能写出真情实感,就能成就好文章。作家们成了孩子们心目中的偶像,不少的孩子为能拿到名作家的签名而引以为豪,激发了孩子们的阅读兴趣和写作热情,使学生爱上了语文,爱上了阅读,爱上了写作。

二是举办"我形我塑"读书节活动。"最是书香能致远,最是读书乐无穷。"学校在每年的4月都会举办读书节活动,隆重的开幕式上,第一个节目是由经典诵读社团成员引领全校师生一起诵读《朱子家训》《劝学》《观书有感》《少年中国说》等内容,别样的形式和热烈的氛围,点燃了孩子们的阅读激情,营造出深厚的阅读氛围。很多班级还开展读书打卡活动,培养孩子们的阅读习惯。读书节期间相继开展了师生朗诵比赛、配乐诗词朗诵、低年级的故事会、高年级的美文赏析、经典推荐、手抄报制作、精美书签制作、读书笔记展示、课本剧表演、名句书写等活动;以亲子共读为主题的交流活动,主要有亲子故事会、亲子诵读比赛、"亲子共读"读书笔记展评;以班级共读为主题的交流活动,有情景剧展演、精美书签评选、班级集体经典诵读比赛、班级共读成果展示等;以个人特长为主题的展示交流有故事会、演讲赛、书法赛、阅读评级等活动,把读书节活动推向高潮,给学生留下了深刻的印象,也在他们幼小的心灵深处播下"读万卷书,行万里路"的诗意种子。

三是开辟"好书推荐分享会"阵地。为了保证书的质量,学校把每周三早会开辟为"好书推荐分享会"阵地。每周这一天,安排不同年级的师生上台推荐心目中的好书或分享自己的读书心得,让更多的孩子了解好书、享受好书的精彩,为师生的阅读引路。

四是开展"读书沙龙论英雄"活动。为持续推进校园阅读的深度开展,学校以班级为单位,结合图书漂流活动开展读书沙龙活动,班级学生共读完一本书,就举办一次读书沙龙、读书会或收集读后感等,巩固孩子们读书成果的同时,分享别人的读书方法和读书智慧,扬长避短,人为我用。

五是开展"亲子阅读伴我行"活动。父母是孩子的第一任老师,是孩子阅读的启蒙者。孩子的阅读兴趣需要家长发挥潜移默化的身教作用,书香家庭建设是一条必不可少的途径。这需要学校唱好三本经:一是唱好"读书好"之经,邀请各界的全民阅读推广专家、教师及优秀家长代表走进家长学校课堂举行系列讲座和报告,让家长了解国内外阅读现状、家庭教育的发展及家庭阅读对孩子成长发展的影响,理解"书籍是人类进步的阶梯"的核心要义,并掌握亲子阅读的方法、途径、策略等方面内容,让家庭阅读的意识植入家长思想意识之中,成为他们培育儿女的自觉行为。二是唱好"好读书"之经,好读书是培养孩子及家长的阅读兴趣。首先,家长要设置一些生活情境的实践性问题,让孩子通过阅读在书中找到解决问题的方法及策略,进而解决相关的问题;其次,家长要与孩子共同阅读一些经典书籍,通过持续为孩子念故事,鼓励孩子读给你听,与孩子讨论书的内容等形式开展读书分享交流活动,养成阅读的习惯;最后,家长要引导孩子通过读书的方式进行交友交流,特别是组织有阅读兴趣的家庭一同走出家门,亲近自然,在欣赏山水之美的间隙开展读书、议书、思书活动,让阅读成为一种交友方式,这样才能培养家长及孩子的阅读兴趣和阅读习惯。三是唱好"读好书"之经,读好书有两层意义,即能读到高质量的书和把书读到位、读出意味来。为让家长和孩子们"读好书",学校要做到两个开放,即开放图书馆和阅读课堂。开放图书馆要求周末图书馆要面向家长和孩子们开放,让家长带着孩子随时进入校园、进入图书馆,开展阅读活动,让家长和孩子们徜徉在内容丰富、形式多样的图书馆里,享受各种图书的香味;开放阅读课堂即学校要把每个月图书漂流时的读前推荐课、读中指导课和读后分享课向家长开放,让家长参与其中,了解读什么书,既保证读的是好书又知道如何读好书,即掌握读书的方法和策略,让每本书都能读出味、读出意来。同时我们在一到三年级推广亲子共读,在四到六年级推行学生自主阅读。我们建议家长重视子女的阅读,为子女专门打造书房,添置书柜,给孩子一个独立的阅读空间。很多家长都这么做了,也收到了良好的效果。

(六)适时评价,让阅读有硕果

为推进书香校园建设,提高阅读管理效率,学校充分利用阅读平台的网络资源和评价功能,为学生建立"数字化阅读成长档案"。首先是实现阅读过程动态管理,学生每次进行网络阅读都会产生过程记录。其次是实现阅读品质真实再现,学生阅读后在网络上进行阅读成果测评,网络会对测评数据进行分析,形成直观的阅读品质分析图,为教师的阅读指导提供智库作用。再次是实现阅读全校性管理。即对在校的每位师生阅读情况进行统计,根据其阅读数量及阅读品质形成学年阅读报告,并自动评选出阅读之星。学校可根据这些数据对师生进行适时的阅读评价。学校在推进阅读时要落实三件事:一是确定阅读书目。学校每学年针对不同年级学生的实际,精心遴选阅读书目,其中必读书目十本(每学期五本)。二是组织好读书漂流活动。阅读主要以班级的读书漂流阅读为基础,教师通过三课(读前推荐课、读中指导课和读后分享课)阅读指导,督促孩子完成阅读任务。三是引导孩子进行网络测评。教师根据师生的阅读情况,推荐学生进入网络测评。最后是运用测评数据进行适时评价。对完成规定阅读书目并通过网络测评达标的孩子,学校发给达标证书,对超过规定阅读要求并经网络测评达标的根据阅读情况适时发给书香阳光币,通过阳光币的积攒晋级方式进行"书香小君子"评选。网络阅读平台的运用,为学校的书香校园建设和阅读推广提供了新的动力,给学校的适时评价提供了真实有效的数据,保证了"书香小君子"评价的公正、公开、公平。

新教育实验的发起人朱永新教授说过:"人类的历史有很多的精神丰碑,要达到或者超越那些精神高峰,阅读和思考是唯一的途径。"建设书香校园,倡导书香人生是教育的应有内容,从小养成热爱书籍、博览群书的好习惯,让每个孩子在诗意的阅读中增长知识、增强能力、享受美好、丰盈生命是每一所学校的最美姿态!

四、墨香校园文化建设的三个层面

(一)课程层面:翰墨课程,书道立人

学校挖掘"书道文化"内涵,提炼"以书育智"的理念,打造"雅字、雅行、雅心"的"三雅"课程体系,使书法课程项目落地生根。

1."雅字"课程——一笔一画写好字

"正字"——书写技能最直接的外显效果。"挥笔正字"课程的核心是提高学生的书写水平和能力,学校将书法教育与基础课程进行融合,形成了"正字"课程,包括书法课程、书法社团、书法过关和书写比赛;其中,为落实书法课程,学校分年级开发了《小学生规范字书写教程》系列校本教材。"挥笔正字"课程从双姿(坐姿、握姿)等最基本的书写习惯开始养成,通过课程实施,力求让广大师生提笔都能书写方正、规范、工整、儒雅、艺术之字。最终练就一手好字,让孩子亮丽一生,使每个孩子成为墨香小君子。

(1)开发教材,落实课程

学校在课程设置中开设"一长五短"写字课,即一、二年级每周一节硬笔课,三至六年级每周一节软笔课;一至六年级的每天下午安排20分钟的写字练习课,在时间上给予保证。每天练习一个字,重点掌握字的笔画和

结构,同时每天午字时间对学生进行双姿检测。

（2）比赛检测,悦墨雅成

学校每学期开展一次全校书写比赛和书写检测。结合一年一度的"艺术助力成长,墨香浸润校园"书法艺术节,开展地书观摩活动和百人现场书法比赛,地书走龙蛇,稚童同提笔,培养学生的个性、情感和气质;每学期一次全员书写检测,检查学生基本坐姿、握笔、执笔等书写习惯是否养成。每学年开展一次"书香小君子"争君考级,通过等级认定肯定学生的书写水平,从而培养书法小达人,使每个孩子成为书香小君子。

（3）校本教材,墨香四溢

围绕"书道文化"内涵编写"墨"系列校本教材读本《硬笔书法教程》《软笔书法教程》《书法通识读本》《沈郎书苑》。《硬笔书法教程》——每日一字硬笔教材,全六册,以偏旁部首集字,供硬笔教学使用;《软笔书法教程》——软笔书法校本作业,根据教材开发"每课一字"软笔书法作业,通过笔画讲解、填廓、双勾等,确保软笔作业的练习;《书法通识读本》——软笔理论校本读本,介绍校园文化、汉字演变、文房四宝、书法名人、书法故事、著名碑帖等,作为理论知识补充校本阅读课的教学内容;《沈郎书苑》——师生书画作品展示校刊,用以展示师生的优秀作品,每学期一册。

2."雅行"课程——一言一行显文明

"雅行"——在写一手好字,养成良好写字习惯的基础上,规范学生的文明行为。"雅行"课程的核心是培养学生拥有健康体魄和文明有礼的气质品格,拥有儒雅的情趣与追求。"雅行"课程规范学生的言行,做到学礼仪、讲文明、懂礼貌。

（1）文明习惯,礼仪养成

礼仪课程结合校本礼仪读本《雅行手册》,开展行为礼仪教育、雅行教育、研学实践等活动,强化学生的"三习"养成教育。严格执行常规管理制度,抓好各班的常规评比工作,加强日常行为习惯的检查监督。同时通过每周一项重点常规训练,有效培养学生良好的行为习惯,在学校营造"学礼仪、讲文明、懂礼貌"的氛围,净化校园空气,实现美好人际关系,打造和谐校园环境。

（2）雅行社团,艺术添彩

学校开设了软笔社团4个、硬笔社团2个、篆刻社团1个、儿童画社团3个、剪纸社团3个、楹联社团1个。每个社团每周安排2个课时,其中,书法社团由专门的书法老师进行授课教学,楹联社团将优秀传统文化与阅读、书法巧妙融合,深受学生的喜爱。

3."雅心"课程——一生一世做真人

"雅心"——将正其身,必治其心,心正则笔正。"雅心"培育课程的核心目标是帮助学生正心修身,即端正心思,修身养性,成就心正、意诚、德善。其内容包括书法文化、书法名人路、师生书画节作品栏等,让师生在耳濡目染、潜移默化中提升人文底蕴,厚植爱国情怀,培育美德小君子。

(1)特色景观,墨香四溢

围绕学校办学特色,彰显君子文化的同时,我们还开辟了主题文化廊:三廊一角(书艺廊、书志廊、书香廊、悦墨角)、庭园花香(地书广场、临池、书语花园、翠竹廊、桃李园)等,建设浓厚的书香墨香环境文化氛围,育人无声,书润墨香。

(2)书墨活动,塑造品格

①立人三礼

我校开展贯穿一至六年级的学校德育特色主题活动——"立人三礼",分别是一年级"开笔礼"、三年级"感恩礼"、六年级"毕业礼"。"立人三礼"是所有学子必须经历的礼仪与感恩教育,通过与学校书法特色结合,让学生在仪式感浓厚的活动中感受书法,在"写字写志,修学修身"中体会中华传统文化,培养学生懂礼、感恩、回报,真正成就"德高心善"。

②书法名人

开展"书法名人先锋章"评选活动,争创"书法名人先锋中队",将书法精神与德育评比工作紧密结合。利用少先队活动课,举行书法名人中队比拼,利用先锋课堂、日常德育常规教育,发挥书法名人榜样激励作用。让学生了解本班级、本年段中队名称、书法名人及其代表作品、名人事迹、书法特色等相关知识。

③春联传情

我校将书法办学特色延伸到社区、家庭,开展"书道溢万家,笔墨润心田"春联进社区活动,让师生软笔书写作品有展示的平台,同时也实现"家、校、社"三位一体育人网络,师生书法特色志愿者活动,让师生一展所长,书法特色服务大众,受到社区居民的一致认可。

④书法太极

我校创编独具特色的书法太极操——武行墨韵,结合"永字八法"与太极元素创编"八式"动作,现已在大课间作为体育艺术"2+2"项目规范实施。

⑤墨香评价

依托"小君子"评价体系,开展"书法考级",评选"书香小君子"。

(二)教师层面:教师成长,挥毫磨砺

学校紧抓"三字一话"训练,为加强书法教师队伍建设,学校聘请书法顾问朱盛柏(全国书法协会会员),邀请书法名家进校园指导书法工作开展,学校特别重视教师的书法展示,通过书法展示给教师们带来了专业发展的动力。为了打牢教师的书法教学底子,学校统筹谋划,按照"周""学期""学年"的时段进行系统设计,搭建教师书法展示平台,凝聚教师专业发展的精神动力。

1.每两周一次常规性展出,让教师们体会点滴的进步之乐

在每两周一次的教师培训时间,教师将本阶段练习的成果书写成作品,悬挂于书法室由大家评论,市书法协会主任周庶民进行专业点评、专门指导。将师生优秀书法作品悬挂在教学楼走道、楼梯间展示。孩子们下课时,都会去寻找自己老师的作品。找到后,总会兴奋地大喊:"老师,你的字写得好漂亮哟。"开家长会时,教师们精彩的现场表演,让所有的家长都竖起大拇指。家长和孩子们的赞赏、崇拜,让这些昔日的村小教师获得了备受尊重的喜悦。

2.每学期一次的书法大赛让教师们体验进取之乐

"笔成冢,墨成池,不及羲之即献之;笔秃千管,墨磨万锭,不作张芝作索靖。"为了在书法大赛中获得好的成绩,很多教师周末带上干馒头来到校园练习。闲时教师们不再觉得无聊,挤出零碎时间练习书法,把家里的餐厅、客厅、卧室变成了书法室。

3.每学年学校周年庆现场书写让教师们收获成功之乐

每年5月学校周年庆,由家长代表、退休教师代表、教师代表、学生代表组成200人现场书法展示方阵,壮观的场景,娴熟的书法技艺,让所有来宾和家长们赞叹不已。家长通过家委会向学校提出,有时间也要来学校和自己的孩子一起练习书法,接受翰墨熏陶。这一切,让教师们拥有了前进的信心,极大地唤醒了教师的热情,迸发出工作的激情。全校教师以书法为酶,催化出"打造快乐教育"的不竭动力。

4.每年结合"品经典"阅读节活动,引领教师书写经典作品,让教师获得品味书法文化内涵之乐

在阅读节上,全体师生书写中华经典诗词、文章,展示教师书法学习的外延,让师生在观赏、品读中学习、进步。活动同时向社区开放,邀请相关专家领导、家长、媒体参与,新颖成功的活动得到了参会领导、来宾和家长的鼓舞与肯定。除了参与校内的各种大型活动外,每年春节学校还组织教师与孩子一同走进社区、走进敬老院书写春联,将祝福与书香送到千家万户。学校还鼓励教师们参加各级书法大赛及书法考级活动,鼓励他们积极撰写书法论文,让书法真正走进教师们的工作和生活,体验到书法带来的无穷乐趣。

(三)研究层面:课题引领,教研提升

课题引领:学校课题紧紧围绕墨香校园主题,开展实践研究,现有省级课题 1 个("基于书道文化的学校特色课程体系实践研究")、县级书法研究课题 4 个。广大教师在参与书法课题的研究实践中提升了书法教育教研的水平。

教研提升:学校积极推进书法、阅读的教研活动。成立书法教研组,每月至少开展一次书法教研活动,解决课堂的重难点问题,形成书法课堂五学模式:"激趣导学—自主探学—合作研学—评价赏学—迁移延学"。规范学生双姿,创编"软硬笔手指操",帮助学生养成良好的双姿习惯。注重将书法文化融入课堂教学之中。

第三节　润君教育的人文环境营造

在学校文化系统中,学校的核心价值观念属于精神文化层面,文化制度规范属于制度文化层面,文化行为方式及文化传承和发展所需的物质资源属于物质文化层面,三者之间是相互联系、相互制约的。其中制度作为学校文化建设中的规范体系,是学校根据其自身建设和发展需要,在特定的价值观念引导下创造出并用以规范自己的文化现象,而制度一旦形成,就会产生相对的独立性,并能在一定时期内适应或基本适应成员的学习生活、人际交往和社会关系发展的需要。制度本身所具有的独立性,也会制约学校物质文化的发展,造成物质文化与制度文化之间的矛盾。只有与时俱进、符合时代需要的价值观念,即精神文化,才是使其朝着有利于社会进步转变的根本保证。

　　学校从儒家思想体系中的君子理念汲取精华,以"君子文化"立校,用"君子文化"统领学校的环境文化、课程文化、行为文化、制度文化,形成具有本校特色的润君教育的育人环境。

　　根据"君子文化"的主题内涵,结合校园建筑布局特点,在不同的空间分批次建立了标志性建筑。所有的建筑设计都紧紧围绕"君子文化",从不同维度、以不同形式体现君子的仁、义、礼、智、信。校园内的景观相互辉映,融为一体,充分彰显了"君子文化",营造了滋养和熏陶学生形成好习惯、好人品的育人环境。

　　亲仁园:在学校的大门口,精心开辟了一个面积达600多平方米的小公园,里面建设有观书亭、养心廊、四君子图和"五常"文化石。孩子徜徉在其中,或看书、或下棋、或静心,让孩子在校门口就能感受到扑面而来的浓浓的"君子之风"。

　　六艺道:孔子曰,"君子不器"。君子不器是指君子不专限于一才一艺之长,不满足于知礼克己的表面之器,而应该追求那超载于器的道,也不是说不进入任何一个专门的领域,拒绝学习任何一项专门的知识,而是要用投入其中的方式来驾驭它、超越它,从而达到在各种规定之中的游刃有余。六艺教育除了知识教育以外,也包括六种艺能的训练:演礼的技能,乐德、乐语、乐舞的技能,射箭的技能,管理的技能,书写的技能,计算的技能。而且从人的发展来说,六艺教育既重视人的品性的涵养,又重视身体的训练和音乐的熏陶。"君子六艺"分别涉及社交素质、内在修养、强健身体、文化素养、科学知识。与现代中国提倡"德智体美劳"的综合素质相似,学校汲取古代六艺的精华,结合现代教育的需要,提出了君子"新六艺",即礼(礼仪)、乐(才艺)、健(运动)、阅(悦读)、书(书画)、数(科技)。"新六艺"教育是指向全面发展、个性发展、充分发展的课程设置模式。

　　学校在校门口的台阶两旁,置立了君子"新六艺"文化内涵,并设计了形象可爱的小君子动画标识,图文并茂,言简意赅,让孩子们在登阶的过程中树立修习"新六艺"、亲近君子的意识。

　　崇德厅:学校"君子文化"的聚集地,突显了"君子文化"的育人环境。厅内展示全校的教师"全家福"、教师誓言和教育方针之外,四周还有象征"君子文化"的梅、兰、竹、菊的相关诗句。当然,君子应刚毅坚卓,奋发图强;大地的气势厚实和顺,君子应增厚美德,容载万物。还布置有孔子的礼乐人生及朱熹的教育思想、读书六法、诗词格言、德育方法、为学之序,无不体现着"君子"的德行,为学生树立起一个个美好的、高尚的君子标杆,让学生树立做君子的目标。课余时间,学生纷纷前来大厅开展活动、留影,除了留下美好的记忆,还能深深感受到"君子文化"的气息,为全校师生君子品行的养成奠定了坚实的基础。

尊贤路:学君子、做君子,从学习古代圣贤的思想精华开始。这里汇聚了孔子、孟子、墨子、老子、董仲舒、司马迁、朱熹、詹荣等15个古代圣贤的生平简介、经典语录和名句,"博""雅""真"等景石的分布,形成了整齐、古朴、庄重的尊贤路。学生漫步其中,就能感受古代圣贤及其思想精神的感召,从而对学生进行教化,达到耳濡目染熏陶教育的作用。

博学路:博学二字出自《论语·雍也》:"子曰:君子博学于文。"意为君子应博览群书,博古通今。学校利用有效的空间,结合小学生的年龄特点,围绕国学经典、唐诗宋词、朱子诗论、读书六法、寓言故事、科技之光等6个主题,布置富有人文精神的经典文化系列,其中"礼、义、仁、智、信、忠、孝"的成语小故事,旨在创设一种浓厚的君子文化氛围,达到熏陶教育的作用,让学生行走于其中,感受国学的人文魅力。

朱子墙:尤溪是南宋理学家、思想家、教育家、诗人朱熹的诞生地,理学思想蕴含了丰富的哲学思想、人文理念、教育观念等,是中华优秀传统文化的重要组成部分。这些思想和文化不仅在当时发挥了促进社会秩序稳定和民族关系和谐的作用,对于当今时代也具有积极的启迪意义。我们选取了朱子生平故事、主要贡献和治学思想,用刻画石雕文化,为学生树立君子标杆,让学生能时刻浸润在君子"博学于文"的文化氛围中。

实践园:学校在校园后山上开垦一块绿地,定期组织学生到基地种植蔬菜,进行劳动实践,让孩子亲历开垦、育苗、种植、浇养、收成的完整过程,观察研究其成长规律,培养孩子的劳动意识和动手实践能力。

"四君子"园:学校利用空地,开辟一块植物园,种植应景的花卉,主要以种植梅花、兰花、青竹、菊花为主,称其"四君子"园。梅兰竹菊四君子:梅——朴实无华。回首万里河山,人冷地冻天寒,白雪茫茫一片,红梅一枝独秀。兰——空谷幽兰。净化多少心灵,纯洁多少生命,淡淡一缕清香,送来一帘幽梦。竹——名垂竹帛。虚怀千秋功过,笑傲严冬霜雪。一生宁静淡泊,一世高风亮节。菊——人淡如菊。试问天下群芳,谁敢笑我狂妄。不为春华盛开,却为秋实怒放。自明代黄凤池辑有《梅竹兰菊四谱》之后,梅、兰、竹、菊被世人称为"四君子",其文化寓意为:梅,探波傲雪,高洁志士;兰,深谷幽香,世上贤达;竹,清雅淡泊,谦谦君子;菊,凌霜飘逸,世外隐士。这些君子高尚的品德,用以达到熏陶教育学生的作用。学校布置"四君子"园让师生流连其中,感受那种傲、幽、坚、淡的品质,向往君子高尚的品德,树立做君子的目标,提升他们的人格境界。

运用楼栋空隙,设立了书法坊、棋弈坊、民乐坊、技工坊等四坊,给学生提供了体验展示的空间和平台,让他们在校园中能够时刻感受到高雅艺术的熏陶,是塑造文质彬彬小君子的又一特色场所。

书法坊:古人云:"书者,心之迹也。"书法对于君子修身有着非常重要的意义。书法是我国传统文化艺术发展五千年来最具有经典标志的民族符号。写好书法不仅是对我国优秀文化的传承,更是君子应该具备的一项书写技能。书坊就是学校提供给学生在课间用来练习书法的场所。书坊里面配备了足够的"水写布"、装水的砚台和毛笔,供学生蘸清水书写,干净环保。墙面上张贴着被誉为天下第一行书王羲之的《兰亭序》和誉为天下第三行书的《黄州寒食帖》。另外,墙壁上其他小幅的有颜真卿的多宝塔碑、颜勤礼碑,柳公权的玄秘塔碑,赵孟頫的胆巴碑,欧阳询的九成宫碑等,这些都是我国书法的瑰宝,供学生欣赏并临摹。

棋弈坊:学校提供给学生课余时间下棋的场所。棋弈坊摆放了两桌围棋和两桌象棋,供学生自主选择。围棋起源于中国,有超过三千年的历史,属于智力游戏的范畴。它蕴含着古代哲学中一元生两仪、两仪生四象、四象生八卦、天圆地方、三百六十周天之数等含义,其变化丰富,可以开发学生的思维能力和判断能力,提高人的注意力。象棋是中华民族五千年古老文化的精髓,其独特的思考方式可以培养学生的逻辑思维能力和记忆力,提高大局观念。学校建设棋弈坊,旨在通过下棋的方式提高学生的思维能力,培养君子之智。

技工坊:学校为了提高学生的动手能力而设置的课间游乐场所。墙面张贴有大幅的宇宙空间图,旨在鼓励学生与时俱进,学习科技文化知识。在技工坊摆设了两张桌式足球,桌式足球被称为"脑部桑拿",可以锻炼一个人的手眼脑协调能力,帮助人进行大脑的智力开发,增强记忆力,还能最大限度地让人宣泄不良情绪,充分体现了君子之礼。

民乐坊:学校为了丰富学生的课外生活,陶冶情操而设置的休闲场所。民乐坊摆设了一台钢琴和一台古筝。古筝是我国汉族的传统乐器,其乐声具有天籁之音之称,可以提高气质、修身养性、陶冶情操。钢琴可以提高审美情趣。民乐坊旨在创设良好的艺术氛围,达到陶冶情操的作用,培养君子气质。

自主书吧:学校在北教学楼与东综合楼每层连廊间都设立了自主书吧,旨在为学生在课间提供一个自主阅读的静谧空间。每一个书吧两侧都摆满了书籍,摆放两桌可供 8 人阅读的阅读台,供学生静静坐下来享受课余时间的阅读生活。自主书吧改变了传统的阅读模式,给学生创设一个轻松愉悦的阅读环境;同时,自主书吧的书籍都是学生自愿捐赠的,以共享的模式达到书籍种类的最大化;自主书吧由阅读志愿服务队进行自主管理。书吧的建立让学校的每一个楼层都多了一份书香气息,使学生沐浴在书香的氛围里,达到君子博学的目的。

与此同时,为进一步完善校园环境和文化,学校还给校园的楼房按"五常"的内容进行命名,使校园"君子文化"氛围和环境建设相得益彰和谐发展,彰显、丰富校园的文化底蕴和人文内涵。

亲仁楼:仁为"五常"之首,《论语·学而》曰:"泛爱众,而亲仁。行有余力,则以学文。"朱熹集注:"亲,近也;仁,谓仁者。"亲仁即亲近仁人志士,亲仁是一种互相关心、互相帮助,是孟子提出的"老吾老以及人之老,幼吾幼以及人之幼"。仁,是对全人类的广泛的爱!这种由我及人的思想与中华文化一脉相承,体现了中华民族传统的博爱思想,体现了自古以来中华精神对文化的敬畏、对知识的渴望和对圣人的尊崇。仁是人类成熟的表现,是人类智慧的结晶,是人类可持续发展的基石。因此,理所应当会成为教育的,特别是基础教育的核心思想。

启智楼:智是"五常"要求之一,更是孔子对君子的设定三达德之一,孔子说:"知之为知之,不知为不知,是知也!""知者乐水,仁者乐山;知者动,仁者静;知者乐,仁者寿。""君子不可小知而可大受也,小人不可大受而可小知也。"等等,既有知识的范畴,也有实践的范畴,也有方法论的意义,足见智于人是多么重要。小学是基础教育阶段,对智的启发和发展与发展学生核心素养,促进孩子关键能力的形成,具有十分重要的意义。

崇礼楼:礼亦为"五常"之一,孔子说:"博学于文,约之以礼","礼之用,和为贵。先王之道,斯为美","恭而无礼则劳,慎而无礼则葸,勇而无礼则乱,直而无礼则绞"等,可见,君子是礼的诚意者和引导者、推广者。礼仪是中华民族儿女世代相传的美德,我国自古就有礼仪之邦的美誉。孔子曾提出"不学礼,无以立"的观点,指的是如果一个人不学习礼仪礼貌的话,那么他在社会上就难有立身之处。礼仪是一种具有敬人、律己功能的行为规范,文明礼仪既体现着个人素质教养的好与坏,也体现着整个社会道德水平的高与低。重视、开展礼仪教育已成为学校道德实践的一个重要内容。

笃信楼:信是诚信,诚信包括诚和信两个方面,诚的意思是做人诚实,言行一致,表里如一;信是指做人要一诺千金,答应他人的事情,必须认真去办,要说到做到,"人无信不立"已经成了当今社会的普遍共识。孔子曾说:"人而无信,不知其可也。"孔子说这句话的目的,就是告诫世人在实际生活中要恪守诚信,说任何话、做任何事都不可以丢掉诚信。孔子也指出"言必信,行必果"的观点,要求人们不能言而无信。诚信是思想道德观念的认知过程,同时也是行为习惯日积月累养成的结果,小学阶段是行为养成的关键期,诚信教育必然成为小学教育道德实践的核心内容。

行义楼:君子喻于义,可也。义者,君子有所为有所不为,达其所为也,君子居仁由义。中国自古就为礼仪之邦。礼是规矩,义是责任担当,统而言之,就是人人都要守规矩,敢担当。从小培养孩子的责任意识、担当意识,做有责任的人也是小学阶段道德实践的重要内容。

第三章

润君教育的教师观

第一节　夯实润君教育的基石：君子型教学

一、创办君子文化讲坛，营造君子型教师的精神家园

讲坛，顾名思义，就是讲演讨论的场所。君子文化讲坛是在学校润君教育理念下为传播君子文化、感受君子人文、体验君子标准、涵养君子人格而设立的人文讲坛，是为师生提供学习、交流、展示、体验君子文化的平台。君子文化讲坛主题鲜明、指向精确、可听百家之言，对推进学校君子文化建设具有十分重要的意义。君子文化讲坛由校长负责，每周星期一晚上 7：30准时开讲（大约为 30～60 分钟），在学校录播室（可容纳 100 人），主讲人由校长、教师、家长、社会人士和学生组成，参与者为学校教师、家长及社会人士；每周的讲坛授课内容都进行自动录制，作为学校君子文化课、班会课的课程内容，内容包括君子仁、智、勇三达德阐发、诸子百家的君子观、君子文化与传统文化、君子文化与社会主义核心价值观、君子人格与社会道德规范、君子人格与家国情怀、君子人格与使命担当、君子人格与博学多能、君子文化与现代礼仪、君子文化与行为养成、君子文化与学习生活、君子精神与社会实践等，内容丰富，形式多样，可兴、可观、可群、可怨。开创以来，成为教师聆听精彩、感悟人生、汲取知识、启迪智慧的平台，成为教师诗意栖居、向阳生长的精神港湾。

二、实施会前论坛沙龙，更新君子型教师的教育理念

"水尝无华，相荡乃成涟漪；石本无火，相击而发灵光。"教师的专业发展需要一个良性互动的氛围，论坛、沙龙活动是一种常见的教师专业活动形式，是教师与教师之间通过对现实问题探讨进行互动的一种活动。论坛、沙龙活动具有话题新颖、内容真实、准备充分、互动性强等特点，通过活动之前充分筹备的过程，不仅需要理论的支持，还要有知识的储备，可以有效锻炼教师的演讲、表演及体态语言运用等方面的能力，提升教师的综合素养；论坛、沙龙活动要求层次清晰、理念新颖，对当前困惑的话题有解决方案，有理论、有依据、有实例，让教师经历一次次头脑风暴，无论是对参与者还是对听众，均是难得的学习资源和机会，对培育君子型教师更新教育理念、指导新的教学实践具有重要的意义。

三、进行教学技能测评，夯实君子型教师的教学基本功

君子型教师需要扎实的教学基本功。为夯实教师的基本功，学校建立了粉笔、硬笔、简笔、软笔、说课、片段教学、课件制作等基本功标准，对全体教师进行测试，并颁发校级教师基本功合格证；对未能在测试中达标的教师，学校开辟了教师基本功训练园地，供教师每周训练及展示用。扎实的教学基本功为君子型教师的培育提供了基本保障。

四、开展校本教学研究，锤炼君子型教师的专业品质

人聚在一起叫聚会，心聚在一起叫团队。校本教研内容丰富、形式多样，是培育君子型教师的最佳平台。校本教研主要针对两个层面展开：一是针对课堂教学实践展开，指向提升教师课堂教学水平和提高教师课堂教学有效性；二是针对课堂教学设计展开，指向提升教师课堂教、学、评一致性和提高教师课堂教学质量。

在课堂教学实践层面研究的指向是：学校落实磨课、议课、思课、写课四方面内容。磨课是授课教师与学习共同体成员在分析教材、集体备课的基础上，通过授课的多次试教，成员共同观课、评课、改课的过程，充分调动共同体成员的教育储备，认真研究学生，反复琢磨教材，博采众人之长，集

思广益,不断优化教学流程,斟酌课堂用语,推敲程序细节,以促进教师专业能力在反复磨课的经历中快速、有效地共同成长。议课,是学习共同体成员围绕某一课堂教学、视频或课例上的教学信息进行对话交流,通过对话理解对方、理解教学,并探讨教学实践的可行性和可能性。议课的主题要建立在课堂现象和事实的基础上,观课者提出的困惑或现象要有一定的思考性,观课者在议的过程中要清晰表达自己的观点及方法,参与者要对内容进行讨论辨析,以达到理越辩越清的效果。思课,是对上完或议完一节课后的反思,反复斟酌议课中的各种观点,进行内化和吸收,达到内化于心、外化于行的效果。思课有利于改进教学实践,有利于促进自己对专业知识和业务理论的学习,有利于增进自己与同事、专家之间的交流,在一定意义上说,思课的深度将决定教师课堂行走的宽度,思课的长度将决定教师专业成长的高度。写课,是将上述各环节的课堂思考物化为文字的过程。涉及的内容较为广泛,可以写自己课后的得与失,可以写自己对某一观点的理解,可以写对授课者的建议及观点阐述,可以写参与者点评的观点及理论依据,也可以写磨课、议课、思课的程序建议及操作流程,等等。写课既能增长自己的知识储备、更新自己的教学理念,又可以锻炼自己的语言表达能力、信息整合能力、观点提炼能力、逻辑思维能力,使自己的教育思想不断成熟,使自己的课堂教学更加科学高效。

在教学设计层面研究的指向是:主要围绕教学设计、作业设计、试题命制、课例研修等方面展开。课堂的教学质量有赖于教师在课堂教学系统中"教、学、评"的一致性,"教、学、评"一致性是指在学校课程实施中,将三个重要元素(教师的教、学生的学、对教与学效果的评)通过科学的方法整合为一个整体,合力实现课程目标的一种教学策略、方式和教学模式。清晰的教学目标是"教、学、评"一致性的前提和灵魂,教是为了培养学生的学科核心素养,学是为了发展学生的学科核心素养,评是为了检测学生的学科核心素养的水平。"教、学、评"一致性的核心是学,是培养学生的关键能力和必备品格,教是为了指导和引导学生的学,评是为了促进学生更好地学;"教、学、评"一致性的关键是评,这种"评"效果和学生发展的程度都通过评价获得证据进而推理得出结论的,评价对教与学都具有很强的导向和促进功能。君子型教师追求课堂教学系统中"教、学、评"调试一致性,以促进学生的学科核心素养的发展,而学科核心素养是现代君子所必备的品格和关键能力。

五、举办集体会诊研究,突破君子型教师的成长瓶颈

为提高教师的教学研究能力,尤溪县实验小学推出"会诊研究"。具体做法是:每个教研组推出一两名教师拍摄一堂录像课,教研组全体成员"会诊",解剖麻雀。先由上课老师介绍设计思路,然后教研组群策群力"把脉诊断",细数"健康"状况,描述"病情"表现,分析"病情"成因,提出"诊疗"方案。既能发现其课堂的闪光点,作为今后教学的范例;又能找出不足点,引以为戒。这种研究方式直接指向教师个体,挖掘其优势,克服其劣势,共同帮助其进行课堂教学模式的规划,为其实践指明方向,提供帮助,促进教师专业有效发展。

六、参与校本课程开发,提升君子型教师的实践能力

教师参与校本课程的开发过程,就不得不认真地学习一些必要的课程理论,阅读大量的资料以完善自己的知识结构,以使用科学的理论指导工作实践。教师参与校本课程的开发和实施,要求教师自己确定课程开发的方向,明确课程开发的目标,选择课程开发的内容,负责课程的实施,进行课程的有效评估等完整的过程。这有利于教师形成以学生发展为本的理念,增加自身的理论知识,丰富自身的实践经验,促进教师角色的转换,提升教师综合能力,最终丰盈教师的精神世界。课程开发与实施能力正是君子型教师所追求的关键能力之一。

七、搭建多维实践平台,形成君子型教师的专业风格

教师的专业发展大致经历角色适应、经验积累、专业成熟、形成风格四个基本阶段,而要让教师走好走实每个阶段,学校要千方百计地为青年教师铺路子、递梯子、搭台子、压担子、树牌子,为教师点亮一盏教育心灯,以促进教师的专业成长。铺路子,以经验丰富的教师与青年教师结为师徒对子。通过签订"师徒结对"协议、领取"师徒结对"活动手册、举行隆重的拜师仪式等活动,帮助青年教师铺好路子,同时注重过程的管理。"师徒结对"活动手册中规定"师徒对子"每学期都要有活动计划、活动内容、活动安排、活动总结、"对子课"的学习交流记录和教研组的评课记录,"师徒对子"

每学期至少互听 10 节"对子课",要合作完成一篇教育论文,合作完成一个精品课件,同上一节展示课。期末学校将对"师徒对子"进行评比并对优秀"对子"予以隆重表彰。递梯子,即为教师的专业发展设定台阶。学校通过聘请专家、名师到校开设讲座、举办研讨班、组织专题对话、加入教师学习共同体;邀请教研员来校指导教学,问诊课堂,把脉问题;与名校结盟,轮流让教师走出去,接受新信息、好做法;支持教师参加研究生学历进修和各种学术交流活动;组织开展教学基本功比赛和课件制作比赛,让教师专业成长看得见。搭台子,是为教师创设登台亮相、脱颖而出的舞台。创办校刊、出版教科研成果文集,对课题研究进行拓展。充分发挥互联网平台的作用,开辟"视加慧学云"教育平台,开展学科教材分析、学科主题课例分析、学科集体备课、阅读心得分享、网络论坛发帖、网络观评议课等活动,建立一师一空间。积极开展教学大比武,组织说课比赛,上公开课、研讨课、观摩课、示范课、竞赛课,开展教师风采展示等活动,千方百计为教师提供施展才华的舞台。压担子,即对教师委以教育科研任务。给那些教学基本功扎实、业务能力强的教师合理加压,让他们挑起教学改革的担子。要求他们不仅要上好课,在教学上冒尖,而且要完成好学校教育教学科研项目,立足校本教研,开发课程资源。对有一定教科研能力的骨干教师,安排他们参加较高层次的学术活动,让他们参加或承担区级以上教科研课题的研究,尽早挑起教科研的重任。树牌子,要通过各种评选活动、总结表彰活动、交流观摩活动,积极宣传和推广名师的教育教学教研成果和经验,扩大影响,树立榜样。对评定的名师要授予相应的称号,授予相应的牌子,让名师快乐飞翔。

八、推行名师课堂展播,助力君子型教师的教育梦想

"独学而无友,则孤陋而寡闻。"为充分发挥学校名师的示范、引领和辐射作用,我们以市级以上学科教学带头人组建 8～10 人的名师工作室,工作室名称以其姓名和学科来命名,促进工作室全体成员的快速、同步发展。借助"视加慧学云"教育平台的双师课堂模式,开展名师课堂展播活动,名师在自己的课堂上上课,青年教师也在自己的班级里带领学生跟着名师课堂同步上课,实现名师与青年教师"一拖几"的同步教学,既保证青年教师课堂的教学质量,又能让青年教师通过一节一节的学习模仿实现稳步成长。

第二节 培育润君教育的团队:君子型师资

一、撰写润君教育教学反思,提高教师的课堂教学能力

美国著名学者波斯纳提出,教师的成长＝经验＋反思。他认为:"没有反思的教学经验是狭隘的经验,意识性不够、系统性不强、理解不透彻,容易导致教师产生封闭心态,不仅无助于而且可能阻碍教师的专业成长。如果一个教师仅满足于获得经验而不对经验进行深入反思,那么他的教学水平发展将停滞不前,甚至有所滑坡。即便有多年教学经验,也只能是一项工作的多次重复。"由此可看出,教学反思是教师成长的重要机制,在促进教师专业发展中具有重要作用。润君教育理念呼唤教师从单纯的知识传递者走向研究者、反思者,也就要求新时期的教师不仅专业学识要较为丰富,而且要善于对教学问题进行研究和反思。所谓教学反思,就是教师在教学实践过程中发现问题、思考问题、解决问题的一种行为,是教师对教学行为和教学活动进行批判的、有意识的分析与再认证的过程。我们在君子型教师的培育中提倡并推行教学反思,要求教师反思教学中的成功经验,反思教学中的不足与缺憾,反思教学中学生的学习状态,反思教学中学生的学习效果,反思教学的再设计。

二、撰写润君教育课例分析,丰富教师的课堂教学方法

教师的日常教学研究中总有一些特殊性教学片段、教学场景、教学故事或教学缺憾给人留下深刻的印象,值得我们去记录下来、表达出来,并对之进行有效的交流、探讨、分析和研究,再认真听取各方面的意见,对自己的课堂教学进行系统的总结并写出课例分析,以提高学习者分析和解决教育问题的能力,促进教师专业发展。教学课例分析是指围绕一定的教育目的,把教育教学实践过程中真实的情景(往往是一个片段、一个故事、一个事例或一个事件)加以典型化处理,形成可供学习者思考分析和决断的案

例。我们强调课例分析要包括前言、正文及附录三个部分。其中,正文部分包括对教学内容的分析、对教学过程的反思、对教学效果的分析。每位教师每学期撰写两篇课例分析,并在学校的资源平台推送,学年结束时将所有的课例分析结集成册,日积月累,就会形成丰富的教学资源,促进学校整体教学质量的不断提升。通过撰写课例分析,可以提高教师对课程标准和教科书的把握能力,可以促使教师认真研究教学理念,也能提高教师的写作水平,因此,撰写课例分析是一种重要的教师专业成长路径。

三、开展润君教育课题研究,提升教师的课堂教学策略

子曰:"学而不思则罔,思而不学则殆。"教育需要为教者学思结合,教师的专业成长离不开教育科研这方沃土。以教育科研促进教师的专业成长,旨在发挥教育科研在丰富教师知识、形成教育风格、张扬教师个性、厚实教育底蕴、提升教育境界等方面的独特功能,培养有专业底蕴、独立精神和思想活力的君子型教师,以适应教师成长和教育发展的双重需要。

苏霍姆林斯基认为:"如果你想教师的劳动能够给教师带来乐趣,使天天上课不至于变成单调乏味的义务,那你就应该引导每一个教师走到从事研究的道路上来。"润君教育课程在实施过程中必然存在一些有待研究和解决的问题,需要依托以润君教育课程实施为内容的小课题研究,提高教师发现问题、提出问题、解决问题的能力,促进教师向反思者、研究者、成功者转变。学校对课题研究在课题选题、研究方法、教学反思、提炼升华四个方面进行把握:一是利用课题选题引领教师围绕润君教育课程研究。学校通过组织教师学习润君教育课程理念、目标及内容,帮助教师结合个人实际和课程需要进行选题,引领教师通过课题的选择来收集君子文化的相关资料,内化润君教育课程的内容,形成共识。二是运用科学方法指导教师开展润君教育课程研究。任何课题研究都是在科学的研究方法指导下探索教育客观规律的过程,润君教育小课题研究更是从"小""真""实"入手,严格遵循科学规律,运用科学的研究方法,制定出严格的制度和实施方案。并且教师还要树立严谨的科研风气,实事求是,不弄虚作假,在研究的过程中要注重实效性,朝着对教学实际工作有利的方向努力,有效地促进润君教育课程的实施与开展。三是立足教学实践指导教师学会对润君教育课程的教学反思。教学反思在整个小课题研究过程中是一个非常重要的环节,教学反思是提升教师专业水平的法宝,是教师专业发展和自我成长的

核心因素,更是润君教育课程实施的关键。教师只有在不断的反思中,才能将发现的不足之处加以改进,也才能在反思中收获经验,在反思中求得更好的发展。四是指导教师将润君教育课程的研究成果进行提炼升华。通过课题研究,促进每一位教师对君子文化知识的积累,不断内化润君教育内涵,形成一定的研究成果。为了让这些经验和成果得到完善和传播,还要引导教师对研究成果进行总结和提炼,撰写心得、反思和论文,使之具有可借鉴、可推广和可移植的效果,进而促进其专业水平的提升。

四、撰写润君教育经验论文,提升教师的教育教学智慧

君子型教师不仅要有渊博的学科知识、精湛的教学技艺,还要有智慧的写作能力。写作是建立在实践的基础上,综合运用理论知识进行分析和讨论,并以文字形式表述的研究成果。写作不仅是积累经验的一种方式,是衡量一个教师教研水平高低的依据,更是促进教师自身教育境界提升的重要手段。写作会逼迫个体勤于阅读和不断思考,让忙碌的自己不断与宁静的自己进行对话,让冲动的自己不断接受理智的自己的批判,让实践的自己不断接受理论的自己的提升。写作的过程就是进一步思考、挖掘、提升的过程,它可以促进阅读、学习,为写而读的"读"与平时的读用心程度不一样,其效果也不可等同。学校要求教师在润君教育课程实施过程中,结合实践不断地总结、分析和提升,鼓励教师以润君教育校本课程的开发与实施为题材,撰写教学反思、课例分析、科研报告、经验总结、学术论文等,并对教师的教学反思、课例分析、科研报告、经验总结及学术论文进行汇编评价,与教师的年度考核相结合,促进教师提升自己的教育智慧和教育境界。以写促学,以写促思,让读写反思成为一种习惯、一种生活方式,促进教师站在自己的肩膀上不断攀升。

第三节　建设润君教育的联盟:君子型家长

"父母之爱子,则为之计深远。"每个家庭都有自己个性化的教育方式,对孩子的学习与成长发生着潜移默化的作用,对孩子教育的方式不同,对

孩子的影响也不同。

众所周知,家庭教育的重要性体现在以下五个方面:家庭是孩子的第一个学校,父母是孩子的第一任老师;家庭教育是教育孩子的起点和基点;良好的家庭教育是造就孩子成才的必要条件;良好的家庭教育是优化孩子心灵的催化剂;家庭教育的好与坏将直接影响孩子的一生。

我们在实施润君教育的同时,希望每个学生的父母也能成为君子型家长。我们的倡导和建议是:不做控制型的家长、不做宠溺型的家长、不做机械管理型的家长、不做粗暴严厉型的家长、不做放任自流型的家长。

君子型家长在家庭教育中对孩子的发展十分重要,尤其在孩子的品行方面。家长可以没有渊博的专业知识,但是必须要有高尚的道德。拥有高层次道德品质的家长可以把孩子塑造成道德高尚的人,因为一个人的道德比智力的发展更重要。我国在几千年前就有家庭教育的记载,孟母三迁、岳母刺字都是母亲在家庭教育过程中留下的佳话,还有孔子教育儿子的事迹在史书上也是随处可见,可见一个拥有高尚道德品质的人一定拥有一个完整良好的家庭教育。

真正的家庭教育,就是父母的自我修行,修行就是修正自己的行为。

润君教育理念的实施,离不开家长的配合,离不开家庭教育的力量。因此,我们引导家长在家庭中大倡"君子之风",从以下四个方面来促成君子型家长的养成,并期望在实施润君教育的过程中,以家庭为单位来增强君子教育的效果,弥补学校教育的某些不足。

一是广泛宣传,形成共育"小君子"的教育共识。我们通过家长会、致家长的一封信、学校微信公众号等方式,将学校的润君教育理念及校本课程内容传播到每一个家庭中,与家长广泛交流,形成共育"小君子"的教育共识。

二是信息推介,形成共育"小君子"的教育氛围。学校通过公众号、美篇、君子讲坛等平台,以"每周一则"的方式将君子文化的内容传送到每位家长的手机上,引导家长共同学习,使学校与家庭形成浓厚的共育氛围。

三是道德实践,落实共育"小君子"的教育行动。学校将培育小君子的活动——润君教育活动内容同步推送到家长手机上,要求家长以身作则、言传身教,做孩子的楷模。

四是评选表彰,树立共育"小君子"的教育典型。结合学校评选"君子之星"活动,对家长予以表彰。

第四章

润君教育的教学观

第一节　润君教育的教育原则

近年来,尤溪县实验小学重点加强以朱子文化为核心内涵的校园文化建设,开发了朱子文化校本课程,每周开设一节"朱子文化"课,有教材、有师资、有评价,积极进行"运用朱子文化促进学生行为习惯养成教育"的课题研究,使朱子文化教育与德育工作有机融合,从"识"君子、"学"君子和"做"君子三个层面来落实、打造和夯实润君教育的实施基础。

一、落实君子文化课程,助力孩子"识"君子

为了进一步弘扬朱子文化,学校成立了朱子百人合唱团和朱子诗词朗诵队;在南楼修建了朱子文化墙;同时在操场、楼道、廊壁等醒目位置张贴了朱熹诗词、名言警句等;每年开学初,学校组织一年级学生到开山书院举行开笔礼仪式;每年朱熹诞辰日,学校组织学生到南溪书院举行祭祀活动。通过这些举措,在学生中营造了一个浓厚的文化氛围,让学生在耳濡目染中受到朱子文化的熏陶。

二、打造生命灵动课堂,助力孩子"学"君子

以课堂教学为主阵地,深入开展生命灵动课堂的探究与实践。通过开

展"运用朱子文化促进学生行为习惯养成教育""学科渗透生命教育的实践与研究""'五学'课堂中学生自主学习能力的培养"三个省级课题的研究,改变常规的课堂教学,突出学生的主体地位,把课堂的时间和空间还给学生,将自主、合作和探究的学习方式有效植入课堂教学之中。通过多年的实践研究,初步建立了润君教育"五学"课堂教学模式,即目标导学、自主探学、合作研学、展示赏学、评价促学五个环节,有效转变了师生教学观、师生观、质量观,和谐课堂、灵动课堂、创新课堂油然而生,实现了师生同步发展,有效提升了课堂教学的效益。

三、夯实综合实践活动,助力孩子"做"君子

为了促进常态综合实践活动有序、有效开展,学校因地制宜开展了融研究性学习、社会实践活动、劳动与技术教育、信息技术教育为一体的综合实践活动。一是充分发挥"红领巾劳动实践基地"在开展植物种植研究性学习方面得天独厚的优势作用,整个基地完全交由五年级学生管理,学生利用课余时间在基地进行耕作、播种、收获,使学生在小学阶段就能得到劳动锻炼和体验。二是组织学生开展社会研学实践活动。我们每学期都开展一次以上社会实践活动,组织学生走进自然、走进社会,到工厂、到商店、到市场、到社区,把所学的知识有机地融入生活和社会实践中,在实践中学习、体验、探索,提高实践能力,培养创新精神。根据学生年龄特点安排不同的研学地点,开展不同内容的研学活动。一年级到紫阳公园、大理公园,二年级到后台朱子文化园、苏区文化博物馆,三年级到九阜山生态风景区、桂峰古民居群景区,四年级到沈郎乡茶籽油基地,五年级到碧叶馨研学基地、西滨校外实践基地,六年级到烈士墓、京口红色文化教育基地。

第二节　润君教育的课堂观念

一、润君教育教材开发的理念指导

校本课程是基于学校教育理念,旨在满足学生多样化的兴趣和发展需求的课程,课程的开发与实施还需要通过科学的评价体系来规范,保证课程的正向发展和教育效果;对校本课程的有效性评价,应以学校课程资源为基点,以开发与实施过程为主线,以学生发展为目的,既要评价校本课程开发的程序和内容,又要评价教师和学生在课程实施过程中的行为和体验。因此,要强调评价体现"以人为本"的思想,体现评价过程动态化,体现评价内容的丰富性,体现评价主体的多元化。

基于这一理念,润君教育课程评价以目标为导向、以过程为重点、以积攒为基础、以晋级为动力、以授章为激励,营造一种自我定位、自我规划、自我实施、自我矫正、自我发展、自我展示的比、学、赶、超的氛围。

学校设立了仁爱小君子、智慧小君子、才艺小君子、健康小君子、书香小君子、墨香小君子、创新小君子七种阳光币,不同的阳光币由不同学科的教师发放,学生只要在学习过程中表现突出,就会随时随地获得相应学科的阳光币表扬(其中仁爱小君子阳光币由班主任发放),当学生积攒了一套完整的阳光币(七种)可依次兑换进阶为铜卡小君子,两张铜卡小君子可以兑换进阶为银卡小君子,两张银卡小君子可以兑换进阶为金卡小君子,获得两张金卡小君子的孩子,经年段推荐和学校审核后,通过微信公众号推送宣传,授予"君子之星"最高奖章。这种以目标为导向的积攒进阶式评价,评价内容多元化,包括国家、地方、校本三级全部课程,评价的主客体包括孩子自评、同学互评、教师辅评、家长参评,突出目标引导、自我规划、自我约束、强化进阶、逐步积攒,效果良好,深受师生及家长的欢迎。

校本文化课程开发的扎实推进,有效的课程评价是必需的。这方面,我们依据不同的特点,采用多样化的展示性评价方式。

(一)"四节一会""三礼"展示课程成效

我们通过搭建"四节一会""三礼"平台,组织师生以多样化的主题活动,呈现学校课程开发的效果——知识技能习得与道德素养提升。如读书节活动中的经典诵读、诗词比赛、课本剧表演、故事会、演讲比赛、征文比赛等多彩项目,就充分展示了师生在阅读素养方面的成长,促进语文延伸型课程的落实。活动中,我们会对收获成长的师生进行隆重的表彰,将活动热情推向高潮,促进课程活动不断向深度、广度和厚度发展。在显性化的展示活动中,评价小组也可以以活动效果的评比排名等方式,掌握一些过程性的评价素材。

(二)甄选"沈郎之星"评价学生发展

我们以"学与智长,化与心成"过程性评价为平台,以积攒阳光币兑换升级的方式进行"沈郎之星"评选活动。在评选中,我们分别设立了美德沈郎、智慧沈郎、才艺沈郎、书香沈郎和墨香沈郎五种阳光币。学生在日常的学习生活中参与各项活动,依据表现情况可获得不同的阳光币奖励,积攒一套阳光币(五种)就可以兑换一张沈郎铜卡,两张沈郎铜卡可兑换一张沈郎银卡,两张沈郎银卡可兑换一张沈郎金卡,获得两张沈郎金卡后,原则上就具备少年沈郎的候选资格了。接下来,我们会通过校内微信平台进行投票,将孩子的照片及各方面的表现评价素材在微信平台上推送,宣传每位少年君子的事迹,提升他们的知名度,让全体师生、家长共同参与评选,依据投票结果进行综合考量确定年度少年沈郎,进行全校性的表彰奖励(召开表彰大会、公告栏张贴及颁发奖品奖状)。

总之,通过开发君子之仁、君子之智、君子之勇的校本课程,促进学校的学风和校风发生根本性变化,让校园里洋溢着一种浓郁的文化氛围,教师乐业善教,学生好学尚美,多才多艺,传统美德处处可见。我们有理由相信在君子文化的熏陶下,在君子文化课程的有序推进中,学校一定会成为学生良习相伴的心灵家园、知书达礼的学习乐园、个性发展的美好花园。

二、润君教育教材开发的课程纲要

(一)课程性质

润君教育是促进学生人格完善的教育。没有人格的健全,就不可能有身心的健康。润君教育是其他一切教育成功的基础,应该是贯穿在整个教育过程中的一种思想教育,不仅为其他教育打下良好的基础,也为学生幸福一生打下良好的基础。

(二)课程开发理念

通过润物无声的陶冶,引领孩子正确理解君子的含义,把君子人格培育和学生的现实生活联系起来,培养孩子亲君子、识君子、做君子的意识。

对学生进行深刻而现实的润泽,提高学生感受君子人格的魅力和学做君子的能力,形成健全的人格。

让学生联系身边的生活实际理解君子人格的意义,并且结合自己的生活实际来提升孩子亲君子、识君子、做君子的能力。

用君子人格来提高孩子的道德品质,提高孩子的综合素养,使孩子因为君子的标准来改变自己的行为,因为君子而树立远大理想,因为君子而博学广闻。

(三)课程开发目标

引导孩子亲近君子、认识君子、学做君子。要想让孩子的人格得到完善,首先要让学生学会亲近君子。如今的社会并不缺少君子,缺少的是发现君子的一双双明亮的眼睛,一颗颗纯洁的心。孩子不是不愿意做君子,而是对君子视而不见,所以,教师要引导孩子去感受君子人格的基因,去感受君子文化,去感受君子的言行,去感受君子的博学多能,弘毅担当。

仅仅亲近君子、了解君子是不够的,关键是让孩子懂得去崇尚君子、践行君子,让君子成为学生的理想追求。孩子得到了爱,才能去爱别人,去爱父母,去爱学校,去爱祖国,去爱社会。教师不仅让孩子了解君子,崇尚君子,还要提高孩子践行君子人格的品质和意识。

(四)课程主要内容

本课程主要包括三大板块内容:一是君子之仁,二是君子之智,三是君子之勇。

君子之仁板块,以知君子为主要内容,分为仁爱篇、友善篇和诚信篇三个部分,以学生的日常生活内容为主,以便于孩子理解和践行。

君子之智板块,以学君子为主要内容,分为博学篇、才艺篇和科技篇三个部分,以学生的日常学习内容为主,力求通过日常的学习拓展学生的素养。

君子之勇板块,以做君子为主要内容,分为励志篇、家国篇和笃行篇三个部分,以学生的日常活动内容为主,力求通过学校组织的各种活动来引导孩子以君子的标准来要求自己,成就孩子文质彬彬、谦恭友善的君子人格。

(五)课程实施说明

1.教材内容的编写

教材内容的编排要结合学生的生活实际,只有和学生的生活实际紧密结合起来,学生才能乐于接受。教材内容的选择要丰富多样,有视频,有故事,有中国的,有外国的。教学方法的选择也要灵活多样,有读故事,有交流讨论,有写反思,有情境再现,有朗读演讲。励志人物的选择上也具有丰富性,有古代的,也有当今的,有名人,也有普通人,有中国的,也有外国的。总体来说,尽量选择学生便于接受的例子和与学生生活息息相关的事。

2.课程资源的开发

课程资源包括课堂教学资源和课外学习资源,如视频、文字资料、课外调查、生活情境再现、演讲会等。自然风光、文物古迹、风俗民情、国内外的重要事件、学生的家庭生活,以及日常生活话题等也都可以成为润泽君子人格教育的课程资源。

3.教学建议

(1)教学过程中,多给学生提供各种资料,让学生通过资料去了解体会,结合自己的思考,去感受爱。

(2)提供的资料尽量是孩子能够理解的,并且是和学生的生活实际联系紧密的。只有这样,学生才能把君子人格和生活实际联系起来,才能把君子人格落实到言行上。

（3）重视学生君子文化的陶冶和君子人格的培育。君子人格教育的最终目标是让学生通过君子人格的规范来改变自己的言行，并树立起远大目标，发展成为对社会有用的人。

（六）教学方法

（1）阅读资料。
（2）观看视频。
（3）交流讨论。
（4）演讲会。
（5）汇报调查结果。
（6）生活情境再现。
（7）写学习收获。

（七）课程评价

润君教育，教育的是孩子心中要有君子人格范式，收获的是孩子的一个积极健康的人格。真、善、美是君子教育的最终评价标准和目标。可是，一颗健康而美丽的心灵，表现在内心深处是一种满足和幸福，表现在外在行为上就是一种责任、一种担当。因此，润君教育的评价没有一个具体的评价标准，更没有一个量化的办法。一个天生忧伤的孩子开朗了，一个不学习的孩子爱学习了，一个爱打架的孩子能与人和谐相处了，一个自私的孩子胸怀宽广了，一个懦弱的人勇敢了，这些都是润君教育的成功。

三、润君教育教材使用的原则方法

（一）整体课程概述

君子是中国传统教育所要培养的人之形象，公民是中国现代教育的目标定位。中国现代教育一方面要吸纳和坚持人类教育的基本共识，另一方面则要挖掘和继承中华民族的君子教育思想。没有前者，就没有教育的现代化；没有后者，就没有中国魂。现代不能轻易否弃传统，传统也要走向现代。润君教育是传统优秀文化的道德修养与现代核心价值观培育的有机融合。

润君教育课程体系是以践行社会主义核心价值观为基石，以传承朱子文化为基础,以润泽"君子人格"为基线,以"修身文化(仁)、智慧文化(智)、笃行文化(勇)"为内核,从德性修养、知性学识与雅性才能入手,多领域渗透、全方位培育现代少年君子的课程体系。

国家特别强调落实国家课程、地方课程和学校课程的重要性和必要性。因此,学校的一切工作都必须围绕建设课程、实施课程和发展课程来展开,尤其是学校课程在夯实国家和地方的基础课程,发展学校特色,促进学校内涵发展,提升学校文化形象和品位,培育有个性、有特色的学生品德方面具有基础性作用。学校必须也应当在现有开发的基础上,继续在课程建设内涵发展方面着力进行探索和实践,力求核心理念引领下在学校活动内容主题化、活动目标具体化、活动方式多样化、活动主体准确化、活动评价多元化等方面加强研究,形成富有学校特色,体现学校办学理念的校本课程,让学校活动走向学校课程,有"模"可依。

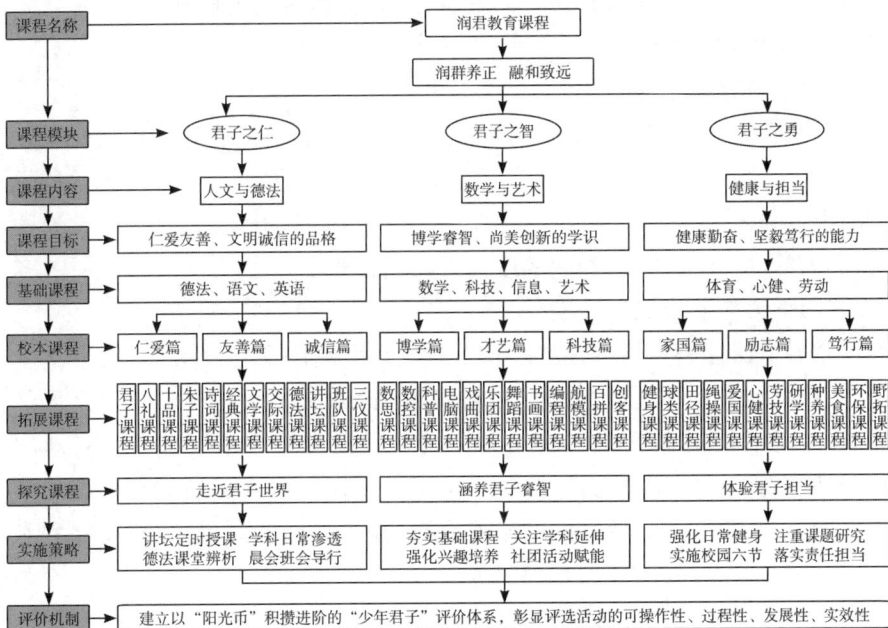

课程名称	润君教育课程		
	润群养正　融和致远		
课程模块	君子之仁	君子之智	君子之勇
课程内容	人文与德法	数学与艺术	健康与担当
课程目标	仁爱友善、文明诚信的品格	博学睿智、尚美创新的学识	健康勤奋、坚毅笃行的能力
基础课程	德法、语文、英语	数学、科技、信息、艺术	体育、心健、劳动
校本课程	仁爱篇　友善篇　诚信篇	博学篇　才艺篇　科技篇	家国篇　励志篇　笃行篇
拓展课程	君子课程 八礼课程 十品课程 朱诗课程 经典课程 文学课程 交际课程 德法课程 讲坛课程 班队课程 三仪课程	数思课程 数控课程 电脑课程 戏曲课程 舞蹈课程 乐团课程 书画课程 编程课程 航模课程 创客课程 科技课程	健身课程 球类课程 田径课程 爱国课程 心健课程 劳技课程 种养课程 美食课程 环保课程 野拓课程
探究课程	走近君子世界	涵养君子睿智	体验君子担当
实施策略	讲坛定时授课　学科日常渗透　德法课堂辨析　晨会班会导行	夯实基础课程　关注学科延伸　强化兴趣培养　社团活动赋能	强化日常健身　注重课题研究　实施校园六节　落实责任担当
评价机制	建立以"阳光币"积攒进阶的"少年君子"评价体系,彰显评选活动的可操作性、过程性、发展性、实效性		

图 4-1　润君教育课程体系示意图

(二)润君教育校本课程开发的具体要求

1."君子之仁"的课程开发

君子当正气浩然。君子的首要条件是做有修养的人,根据《光明日报》

的一篇文章《君子文化与社会主义核心价值观》，并比对君子之德的要求，我们提出以孝悌、仁爱、诚信为核心内容，开发"立君子品，做有德人"的德育校本课程。课程的开发围绕仁、孝、信三个相关因素的案例进行，做到生本化、案例化，并在综合实践课程中设置君子文化课加以落实和推进。

2."君子之智"的课程开发

君子当博学睿智，志存雅趣。子曰："质胜文则野，文胜质则史。文质彬彬，然后君子。"《论语》中有："兴于诗，立于礼，成于乐。"朱熹认为诗可以兴、可以观、可以群、可以怨。其意思是诗可以把人带到一个境界，诗是可以观赏的，诗可以唤起他人同样的心灵感动，诗可以表达忧思、难忘和明志等情怀。诗在这里更多的是指文学，而文学水平往往体现一个人的人文底蕴，也是一个人文采的体现，礼是一个人修养的体现，而乐是一个人志趣的体现。朱熹提倡一个博学的人，除了对四书五经相关内容的掌握外，还要学习"6+4"课程，即礼、乐、射、御、书、数六大艺和琴棋书画四小艺，这样才能"文质彬彬，然后君子"。

（1）学科延伸型课程开发

我们在夯实国家级课程的基础上，立足学科教学，开发语文、数学、英语、体育、音乐、美育、科学等学科的延伸性课程，体现学以致用，让学科学习的内容与现实生活紧密联系起来。如语文学科的《春》单元，从春天的诗、春天的词、春天的文、春天的剧等方面进行开发。

（2）学科拓展型课程开发

拓展型课程是为培养、激发和发展学生的兴趣爱好及潜能，促进学生个性、特长和学校办学特色的形成与发展，满足现代社会对多样化人才的需求，体现不同基础要求的、具有一定开放性的课程。拓展型课程是对国家级基础型课程的拓宽与延伸，是为学生学习探究型课程积累更宽泛的知识与能力、经验与方法及良好的修养品质，并与基础型课程、探究型课程有机结合，为基础教育的培养目标服务。

我们的课程设置体现两个教学层次：一是面向全体学生的课程普及类，主要以一、二年级为主，安排走近围棋、绘本教学、硬笔书法、花样跳绳、形体塑身、综合实践活动等。二是面向部分学生的社团提高类，主要是针对三到六年级开发的各类社团，如音乐领域的乐团、民乐团、戏剧团、舞蹈、合唱、琵琶、陶笛、古筝、古琴、二胡、笛子等；美术领域的剪纸、陶泥、篆刻、国画、书法等；体育领域的田径队、篮球队、足球队、乒乓球、羽毛球、花样跳绳队等；科学领域的手工创作、机器人、电子百拼、航模、茶艺、魔方、街舞等;文学领域的文学社、记者社、诗词社、课本剧等;数学领域的数学思维训练、趣味数学等;英语领域的英语会话、英语阅读、英语听力等。

（3）学科探究型课程开发

探究型课程是由学生自主发现问题、提出问题或课题、自主探究并获得体验的一种课程,与之相对应的是探究性学习。主要包括学科探究、学生探究、社会探究三个方面,以提出问题、探究方式、探究收获和探究体验为主要内容,具有开放性、探究性和实践性的特点。我们主要以"问题—探究—发现"为基本模式培养学生的探究能力,开设了智能机器人创客空间、FLL 机器人工程挑战竞赛队、朱子文化、君子文化、尤溪特产、尤溪旅游、尤溪山茶油、尤溪茶文化、农耕文化等项目。

3."君子之勇"的课程开发

君子之勇,可见苏轼《留侯论》:"天下有大勇者,卒然临之而不惊,无故加之而不怒,此其所挟持者甚大,而其志甚远也。"由此可见,勇者是一个人能心怀正义,保持内心的谦和与冷静,而成为勇者需要许多历练。上述课程的开发与实施是为了培养学生更多的能力,"君子之勇"的课程开发主要体现在为学生提供更多的体验和历练机会,培养其能勇、敢勇与善勇能力。

因此,学校围绕学生的体验和历练,开发了"四节一会"历练课程和"三礼"仪式体验课程。"四节一会"是指阅读节、书画节、艺术节、科技节和运动会,"三礼"仪式体验课程主要是一年级的开笔礼、三年级感恩礼和六年级的毕业礼。

（三）润君教育校本课程的制度落实

在课程实施过程中,学校在严格按照部编课程标准、开设各学科课程的基础上,设置丰富多样的君子文化课程（见表 4-1）。

一至六年级每周开设一节君子文化课。我们根据小学生身心特点,将朱熹等大儒的著作,分解成若干个句子或片段分课教学,每一课力求通过学文明理、辨析导行、活动践行等环节的教学使学生能读准、读懂内容,会读、背诵原著句、篇,会讲大儒故事。在诵读原著、学讲故事的同时,感悟君子,学君子品,习君子学,笃君子行。同时联系社会主义核心价值观的要求,利用晨会、品德课等,根据学生现实生活实际,有效地进行学生行为养成教育。

表 4-1　尤溪县实验小学君子文化课程安排表

课程内容		时间	地点	教师
君子之仁	君子文化课	每周一节	各班级教室	学科教师
	君子养成课程	每天晨会及品德课前5分钟	操场各班级教室	行政班主任品德教师
君子之智	延伸型课程	语、数、英活动课每周两节社团活动课	教室功能室	学科教师
	拓展型课程	每周两节社团活动课每学期一次实践活动课	功能室社区及大自然	体艺心健教师
	探究型课程	科学课每周两节社团活动课每学期一次实践活动课	功能室社区及大自然	科学教师及家长
君子之勇	"六节"历练"三礼"体验	每学年一次	校内、校外	班主任艺体教师辅导员

每周固定两课时与课外时间开设延伸型课程、拓展型课程与探究型课程。延伸型课程以语文、数学和英语学科延伸教学为主,主要有经典诵读、沈郎文苑、英语口语、课本剧、习作、数学思维等。拓展型课程以体育、艺术和心理健康学科教师开设的各类兴趣社团活动为主,包括沈郎田径队、沈郎足球队、沈郎羽毛球队、沈郎民族乐队、沈郎铜管乐队、沈郎电声乐队、沈郎戏曲队、沈郎手语操表演队、沈郎心语室等。探究型课程主要以科学、信息和综合实践学科教师开展的创新活动为主,包括沈郎智能机器人、沈郎创客空间、沈郎航模队和沈郎种植园等。这些课程以社团活动的形式开展,学生根据自己的兴趣爱好,选报各种社团,由专任教师进行专门辅导。课程涵盖了"新六艺"等内容,特别关注朱子礼乐进课堂,大力推广民族乐器(古琴、古筝、二胡、陶笛、葫芦丝等)、传统戏曲和民族传统项目课程的教学,取得了一定的成绩。

利用上午、下午上课前与放学后的时间,开展"晨诵、午读、暮省"活动,让学生读、诵经典,思、写体会,笃君子之行。每学年组织开展"四节一会"活动、"三礼"教育活动及各种综合实践活动,让学生在活动中汇报学习成果,检验学习成效,从而行君子之举。

（四）润君教育校本课程的实施要求

学校之优,在课程之优。课程是一所学校的发展源动力和核心竞争力。学校充分汲取以儒家思想为主的中国传统文化精华,作为课程建构的思想新源。确立了培养"少年君子"的课程目标,以此为基础展开课程改革的顶层设计。从"君子与修身、君子与智慧、君子与社会"三个维度出发,立足课程目标与内容,对国家课程、地方课程、校本课程的三级课程体系进行全面整合,结合君子三达德标准,规划了君子之仁类——道德与人文(道法、语文、英语)、君子之智类——数学和科技(数学、科学、信息)、君子之勇类——健康与担当(体育、心健、艺术)三大课程模块,构建出"一本三德九篇十二课"系列完整的君子课程体系,体现学科的整合与融通。并以君子人格文化同时涵盖基础性课程——国家及地方级课(基本课)、延伸性课程——润君教育校本课程(必修课)、拓展性课程——社团活动课程(自选课)和综合性课程——研学实践课程(必修课)。

润君教育理念下"一本三德九篇十二课"校本课程体系具体呈现内容是:

"一本"指《君子文化通识读本》,主要聚焦君子人格,收集诸子百家的君子观、赞美君子的诗词、叙述君子的故事、描绘君子的书画、关于君子的谚语等,形成一本"亲君子"的通识读本。

"三德"指编撰一套以君子三达德"仁智勇"为内容的润君教育系列课程。

"九篇"指润君教育系列课程,其中君子之仁包括仁爱篇、友善篇、诚信篇;君子之智包括博学篇、才艺篇、科技篇;君子之勇包括励志篇、家国篇、笃行篇,共九个篇章。

"十二课"指润君教育系列课程每个篇章收集十二个课时的教育内容。如"仁爱篇"包括爱国(爱国旗、爱国徽、爱国歌)、爱家(孝亲、敬老、乐友)、爱校(爱师、爱物、爱班、爱同学)等十二个主题内容。

1.君子之仁课程

君子之仁课程是指"道德与人文"类课程,主要以国家级课程的道德与法制、语文、英语学科为基础,与当代社会主义核心价值观、立德树人根本任务相融合。突出德育功能,以"仁"为德育核心,以"仁、礼、信"为价值主线,汲取中华优秀传统文化的精髓,充分体现君子人格基因特质,包括仁爱、友善和诚信3个篇章,每个篇章设计12个课时,共计36个课时。通过引入学科课程(道德与法制、语文、英语学科课堂教学)进行渗透,举行活动课程(君子文化课、班队会、君子讲坛、升旗仪式)主题教育,开展社团活动(经典诵读、朱子诗词、唐诗宋词、文学社、小记者、玩转成语、童眼看世界、课本剧等自选课程)进行培育;突显认知、规范、情感、参与、实践 5 个层面,将儒家经典中优秀的道德思想转化成人格发展、德育评价的各种评价指标并付诸实施,通过道德法制课堂导行、人文国学熏陶、英语口语交际体验、社团活动主导等课程的渗透,将培育目标序列化、培育内容生活化,科学构建少年君子人格培育模式,使学生明孝悌,懂礼仪,施仁爱,成为仁爱存心、道德高尚的时代少年君子。

2.君子之智课程

时代新君子不仅要有健全健康的人格素养,还要有立足社会的才能与智慧。君子之智课程是指"数学与能力"类课程,主要以国家级课程的数学、科学、艺术学科为基础,与现代的自然科学、人工智能技术、创新活动有机结合,与学生的兴趣特长和个性发展相结合,内容包括博学、才艺、科技 3 个篇章,每个篇章设置 12 个课时,共计 36 个课时,以数学、科学、信息、音乐、美术学科的课堂教学为主渠道,以社团活动为主阵地;通过数学思维训练、科学活动探究、信息技术训练、创新发明大赛、艺术社团活动等课程的实施,培养乐于学习的兴趣、善于学习的方法、智慧学习的能力和艺术审美的情趣;在学习中学会发现、合作、反思与创新。学校开设数学逻辑、科学探究、信息技术、艺术审美四大类社团,作为学生自选课程。数学逻辑类有数学与思维、数学与空间、数学与魔方、数学与历史、数学与生活等;科学探究类有乐高建构、乐高编程、乐高竞赛、人工智能、电子百拼、航空航模、车模、海模、创客空间等;信息技术类有电子手抄报、美篇技术、PPT 制作、简易编程等;艺术审美类中的音乐类有合唱、舞蹈、二胡、古筝、古琴、笛子、陶笛、葫芦丝、吉他、铜管、木管等,其中陶笛为学校普及项目,要求人人参与,另外,美术类有国画、素描、篆刻、书法、插花、彩陶等。丰富的社团课程满足了学生全面发展和个性发展的需求,引导学生经历才艺生活,拥有多彩的童年,力求通过高雅的艺术情趣与基本艺术素养的培养,使孩子们的人生因艺术而优雅、幸福。让每个从实验小学走出去的孩子成长为有思想、有才艺、会欣赏的儒雅小君子。

3.君子之勇课程

君子之勇,不是勇武的勇,勇是人生理想得以实现的行为意志,是源于人的自我意识之抉择的意志显现。勇的实现直接指向有三:一是意志,是人自觉地确定目的,并根据目的调节支配自身的行动,克服困难,去实现预定目标的心理倾向。二是能力,是完成一项目标或者任务所体现出来的综合素质。三是担当,是敢于承担责任,有魄力。君子之勇课程是指"健康与担当"类课程,主要以国家级课程的体育、心健、劳动和综合实践学科为基础。勇的实现必然以健康为基础,健康包括人身体的健康,也包括心理的健康、社会的健康和道德的健康。勇要以"仁"为核心,以"行"为主线,其精髓是"刚毅、讷言、敏行、担当",充分体现君子人格基因特质。君子之勇课程包括励志篇、家国篇和笃行篇 3 个篇章,每个篇章设计 12 个课时,共计36 个课时。与学科课程(体育、心健、劳动和综合实践活动)融通,主要以运动、实践为核心;开设的社团(自选课程)有体育、心健、综合实践活动三大类。体育类有乒乓球、羽毛球、篮球、足球、跳绳、健身操、啦啦操、跆拳道、武术操等,其中,跳绳是学校普及项目,要求人人参与,人人掌握;心健类有手语操、爱心社团、环保行动团等;综合实践活动类有营养烹饪、现代木工、气象观察、无土栽培、茶叶制作、蔬菜种植、科普知识宣传团等,其中,蔬菜种植为学校普及项目,人人参与。学校还要求每个班级每学年组织一次"担当伴我行"主题活动,要求学生参与行动的设计、参与制度的制定、参与行动的组织、参与管理的过程、参与行动的评价,增强学生的责任意识,提高学生自我认识、自我教育、自我管理的能力,使学生在体验和感悟中,从他律走向自律,从自律走向自觉,培养学生的担当意识。总之,通过"君子之勇"校本课程的开发和实施,让学生通过观察、体验、实践、交流,获取丰富的直接经验,发展社会实践能力,以此培育刚毅笃行、勇于担当的时代少年君子。

第三节 润君教育的实践基地

现代君子不仅要具备"仁"的品质、"博"的学识,还要有"行"的能力,学校特别注重孩子动手实践和问题解决能力的培养,开展了融研究性学习、社会实践活动、劳动与技术教育、信息技术教育为一体的综合实践活动。为了促进常态研学实践活动有序、有效开展,学校在润君教育理念的引领下,统合校内外资源,因地制宜地建立五大实践基地,为学生的实践性活动提供丰富的资源。

一是建立劳动实践教育基地，即在学校的后山空地开辟一片面积近两亩的蔬菜种植园，开展四季应景蔬菜的种植研究性学习。因为基地就在校园内，有着天时、地利、人和的得天独厚优势，整个基地完全交由五年级学生管理，学生利用课余时间在基地进行耕作、播种、收获，使学生在小学阶段就能得到劳动锻炼和体验。

二是建立红色革命文化教育基地，即统筹县域内京口红色文化教育基地、苏区文化博物馆、西城烈士陵园、联云革命战争烈士陵园、高春山庄抗日场景体验基地等红色文化资源，开展红色革命传统文化教育活动，让学生在实地实景实操的教育活动中体验革命先辈为中华人民共和国的成立抛头颅、洒热血，直至献出宝贵生命的壮举，让学生的灵魂接受红色传统文化的洗涤。

三是建立优秀传统文化教育基地。尤溪是南宋理学集大成者、思想家、教育家、诗人朱熹的诞生地，是元代文人《二十四孝》作者郭居敬的祖籍地。这里钟灵毓秀，人杰地灵，文化底蕴十分丰厚，朱子的哲学思想、教育思想随着各种楹联墨宝、诗文格言、生平事迹、家风家训传颂不已，形成了深厚的传统文化，成为激励一代又一代尤溪人耕耘不辍、薪火相传、拼搏进取的精神力量。朱熹公园、理学文化博物馆、紫阳公园、大理公园、西滨厚丰玉井坊等自然成为学校开展传统文化教育的基地。

四是建立生态文明教育基地。尤溪地处闽中腹地，素有"闽中明珠"之称，风景秀丽、生态优美的九阜山生态风景区，汤川大峡谷风景区，联合梯田景区，半山生态风景区便是学校生态文明教育基地的理想之地。通过生态文明教育基地的实践活动，让学生走进自然、贴近自然、学习自然、享受自然，解决校园生态文明教育基础设施不足的问题，引导孩子养成"绿色"行为习惯，从小事做起，从身边事做起，积极参与环保活动，在保护环境、节约资源的实践活动中提升生态文明素质，做生态文明的践行者和传播者。

五是建立研学实践活动基地。研学实践教育是新时期提出的重要教育思想，是实现素质教育理念下促进学生全面发展的新内容与新方式，是有效落实知行合一教育理念的具体行动，有助于推动学生文化底蕴与实践素质共同发展，有助于培养他们探究思维的同时让其感受体验式学习的精髓，进而具备适应社会的能力，这也是君子人格中"学以致用"的要求。学校的研学实践基地有西滨校外实践基地、碧叶馨研学基地（茶叶、农田）、沈郎乡茶籽油基地、汤川生态农业基地、洋中农林产品实验基地等。

学校每学期都开展一次以上研学实践活动,组织学生走进自然、走进社会,到工厂、到商店、到市场、到社区,把所学的知识有机地融入生活和社会实际中,根据学生年龄特点安排不同的研学地点,开展不同内容的研学活动。让学生在实践中学习、体验、探索,培养富有实践能力和创新精神的时代小君子。

第四节　润君教育的校节活动

一、润君教育的六种特色教育活动

以君子人格为孩子的幸福人生奠基,这是我们实施润君教育的目标起点和诉求。在新时期、新时代,需要将中国传统文化中的优秀基因提炼出来,并找到适合小学生的培养途径,因此,我们从以下六种校节活动中逐渐探索出了具有地域特色的教育方法。

图 4-2　"新六艺"内容构成示意图

（一）红色礼仪节

通过"礼"（守规则）的教育,为孩子滋养一颗仁爱之心,让孩子善良一生。一是"三礼熏陶"。以庄严隆重的仪式,对不同阶段的学生进行教育,给孩子烙下一个个君子文化的印记。开笔礼:童蒙开笔,朱砂启智。即每年组织一年级新生到开山书院举行"学朱子·蒙正启智开笔礼"仪式,每年朱熹诞辰日,学校组织二年级和三年级的学生到南溪书院举行祭祀活动。感恩礼:心存感恩,幸福成长。每年的6月,组织四年级学生举行"学朱子·成长感恩礼"仪式,感谢父母老师,享受成长快乐。毕业礼:扬帆起航,逐梦前行。每年的毕业季,组织六年级学生举行"学朱子·梦想起航毕业礼"仪式,感谢母校、老师与家长,怀揣梦想、承担责任、走向未来。二是绘本教育。我们将学生日常行为要求归纳成"仁、礼、信"三个模块的内容,并用绘本的形式编辑成可视化教材,即《润君"修仁"教育》绘本、《润君"礼仪"教育》绘本、《润君"诚信"教育》绘本,使学生有章可依、有礼可循。学校通过"三礼"教育的渲染和感悟,有效提升学生素养,放大教育影响力,促进心灵成长和生命绽放。

(二)橙色音乐节

通过"乐"(善审美)的教育,为孩子培育一门特长才艺,让孩子自信一生。学校开设了管乐团、合唱团、民族乐团、小腔戏、电子琴、古琴、古筝、笛子、小提琴、陶笛、舞蹈、葫芦丝等12个音乐自选社团,在每年的4月,举办隆重的艺术节活动,围绕"乐"内容开展民族乐器、西洋乐器、合唱、独唱、舞蹈等竞赛,力求为每个学生培育一门特长才艺,培育学生的审美情趣和良好艺术修养。学校管乐团、民乐团、小腔戏戏剧团和合唱团已成为学校品牌社团,在省、市、县中展示并多次获奖,其中管乐团连续三年获市一等奖;小腔戏获得市调演一等奖和省非物质文艺演出二等奖;民乐团在首届"海峡两岸朱子文化与旅游交流活动"文艺演出中精彩亮相,广受社会各界好评。

(三)青色体育节

通过"射"(会健体)的教育,督促每个孩子掌握一项运动技能,让孩子健康一生。每年的11月举办隆重的体育节(含运动会)。体育节是依据学生的不同年龄特点选择项目,有田径运动项目、花样跳绳、三人制篮球、五人制足球、拔河、象棋、围棋等比赛,让学生们在竞技运动中培养公平公正的君子人格;同时大力开展全体健身活动,大课间阳光体育活动、教工拔河比赛、排球运动等已成为实小师生全体健身活动的传统项目,"每天锻炼一小时,幸福生活一辈子"的理念已深入人心。

（四）紫色悦读节

通过"御"（慧阅读）的教育，养成一种阅读习惯，让孩子受益一生。以"读经典名著，享书香人生"为宗旨，在学生中开展"与经典为伍，与大师同行"为主题的读书活动，以读书漂流的形式，每个班级添置一套规定的阅读书籍，由这个班的语文老师负责落实"阅读三课"——读前推荐课、读中指导课、读后分享课，让每一本好书在各个班级中漂流。在教师中开展"读好书，拓视野，促发展"为主题的读书活动，掀起"人人读好书，人人好读书"的阅读氛围，培养师生良好的阅读习惯。我们在每学年的5月开展悦读节活动，通过低年级的课本剧表演、中年级的"同读一本书"活动、高年级的读后感现场赛及亲子阅读活动，让阅读成为学生的一种习惯和本能。

（五）绿色书画节

通过"书"（写好字）的教育，督促孩子练就一手硬笔书法，让孩子亮丽一生。尤溪县实验小学是三明市首批全国书法教育示范学校，学校始终坚持"一笔一画写好字，一言一行做真人"的书法教育理念，以朱熹提倡的"凡写字，未问写得工拙如何，且要一笔一画，严正分明，不可潦草。凡写文字，须要仔细看本，不可差讹"等格言来要求学生，引导学生在一笔一画的写字实践中掌握书写要领，在挥毫泼墨中培养高尚情操，感受君子之风。学校安排"一长五短"的写字课时，"一长"是每周一节40分钟的写字课，"五短"是每天安排20分钟的练习时间，保证孩子习得一手好字；学校还以年级为单位成立小沈郎硬笔书法社团、软笔书法社团，挖掘潜能，培养书法特长生。同时，学校积极开展社团活动，学校开设国画、绘本、插花、篆刻、彩泥等社团活动项目，满足了学生个性发展需求。每年11月隆重开展书画节活动，开设内容丰富的书画项目比赛，如百人软笔书法大赛、百人硬笔书法大赛、百人插花大赛、百人国画大赛、百人彩泥大赛的5个百人赛，让孩子在社团活动和书画比赛中，提升综合素养和审美情趣，感受君子才艺的魅力。

（六）蓝色科技节

通过"数"（会探究）的教育，引导孩子培养一种探究精神，让孩子智慧一生。《朱子问天》等故事家喻户晓，学校以此为契机，引导学生积极开展科技创新，培养学生学科学、爱科学的精神。学校组建小沈郎机器人、航模、初级编程、电子百拼等兴趣小组及人工智能创客空间等社团，每周开展两节大课时的培训活动,每学年的 4 月举办一次科技节活动,开展机器人(分三级)、航模、计算机编程、电子百拼、创新大赛等比赛。这些兴趣小组与科技节比赛激发了学生的探索欲望,培养了学生的创新开拓精神,体验了现代君子崇尚科学的情怀。

与此同时,学校在日常教育活动中推进君子讲坛宣传工程、千古美文诵读工程、君子操展示工程、礼仪培养工程、班级文化建设工程、师生才艺展示工程、润君教育成果展示工程等七大工程,做到文化推广与实践活动相融合、学校教育与家庭教育相融合、课堂教学与道德实践相融合,全方位保证润君教育课程落实落细。

二、润君教育中的活动仪式感

教育需要仪式,仪式感是重要的化育方式,学校在举行重大的集会活动时,都组织师生一同朗诵《中华十德誓词》或《中华十德诵》,让师生在铿锵有力的朗诵中增进对君子人格的向往之情。

中华十德誓词

人生责任忠为首,为人之子孝行有,
做人之道讲仁善,知是明理智为谋,
与人交往重诚信,文明礼让记心头,
为人处事讲道义,安身立命勤做舟,
攻坚克难神勇在,洁身自好廉德修,
十德规范民族魂,知行合一练操守,
国学精华牢牢记,中华美德遍神州。

中华十德诵

无善无恶性之本,有善有恶意之动,
知善知恶是良知,为善去恶是德行。
劝善止恶行义举,扬善惩恶铸国本,
与人为善人善己,积善成德有善终。
中华十德首为忠,忠于职守人之本,
忠心爱国须尽力,忠爱家庭应尽情。
为人之子孝先行,侍奉双亲心必诚,

敬老尊师好传统,善悌友朋情谊浓。

仁者爱人有恻隐,仁善助人献爱心,
仁和容人团结好,己所不欲勿施人。

道德智慧德之魂,明辨是非善恶清,
求真求实学风正,学以立志贵有恒。

人际交往重守信,为人诚实好品性,
彼此信任互尊重,自尊自信方成功。

文明礼让在敬人,礼制法制贵严明,
仪容服饰须得体,文明礼貌看行动。

为人处事义先行,以义导利事业兴,
仗义执言好男儿,知恩图报君子风。

安身立命勤为径,持家兴业俭为本,
爱岗敬业千般好,好逸恶劳万事空。

自强不息敢抗争,不畏强暴逞神勇,
勇于担当负责任,创新变革永不停。

戒贪戒奢常自省,知廉知耻知辱荣,
闻过则喜错必改,慎独慎微慎始终。

以德齐家家安宁,以德兴业业昌隆,
以德立身身自立,以德兴国国强盛。

中学为根西为用,传统美德继大统,
中华十德中华魂,中华复兴德先行!

　　学校始终坚持儿童是校园的主人,把儿童的立场、体验、收获作为一切工作的出发点和归宿。坚持"凡是对孩子有积极影响的元素都是课程"的课程视野,把君子文化理念融入校园环境建设的每一处细节,充分体现了君子文化元素,围绕"润君子人格,育时代沈郎"的要素对楼道和场室内外的文化进行统一布置,图文并茂地展示君子文化的内容和精华,力求让校园环境成为君子文化课程的有效载体,让校园流淌文化的韵味。充分体现润君课程的生命性与生活性和谐统一,让每个孩子按照自己的优势去发展,有力地促进了素质教育的全面实施。

　　苏霍姆林斯基说过,让学生变聪明的方法不是补课,不是增加作业量,而是阅读,阅读,再阅读。一年一度的阅读节的开展可以提升学生的人文底蕴,可以培养学生的家国情怀,可以提高理解和运用祖国语言文字的能力,可以培养学生自主学习的习惯,促进学生信息素养的提升。通过举办一年一度的书画节、艺术节,充分发挥艺术教育的育人功能,培养学生健康的审美情趣、良好的艺术修养,展示学校艺术教育的丰硕成果,体现学校艺术活动的特点,培养学生感受美、表现美、鉴赏美、创造美的能力;坚持先进文化的导向性,弘扬中华民族优秀文化传统,体现思想性和艺术性的统一。通过举办一年一度的体育运动会,吸引学生走向操场、走到阳光下,积极主动参与体育锻炼,培养学生体育锻炼的兴趣和习惯,进而提高学生体质健康水平。

人们常说,人的一生尽管漫长,但重要的只有几步。同样,人的一生要经过很多的仪式,但对人的成长而言,深刻影响人生轨迹的仪式对学生个体的发展影响巨大,庄严隆重的仪式对学生的身份价值重塑、主体意识培养、集体意识强化、责任感养成有着其他教学活动不能代替的作用。所以尤溪县实验小学除了举办隆重的"四节一会"的全校性活动外,每年组织一年级新生到开山书院(朱熹纪念馆)举行开笔礼,组织三年级学生举行感恩礼,组织六年级学生举行毕业礼,通过庄严隆重的礼节仪式,让孩子们触摸自己成长的轨迹,感受成长的快乐,体验成长的责任,在一次次隆重而热烈的仪式教育中不断升华自我。

第五章

润君教育的实现观

第一节　润君教育教学实现——课程板块

润君教育教学实现的整体设计思路如下:一靠课程教学,二靠实践锤炼,三靠读本习得。在这个整体设计思路的指导下,本部分内容从润君教育课程体系三大板块入手,对润君教育的校本教材和课程进行了系统的整理,并对各个板块有代表性的课程进行了针对性的评介。

针对每个板块的校本课程,分别从课程目标、内容设计、目录设计、教学经验、课例评介、课程总结和改进建议等七个方面进行了介绍和评论。一方面,通过这种介绍和评论来展示和呈现润君教育课程的全貌和典型特点;另一方面,在介绍和评论的过程中,从总结和反思的角度对润君教育课程提出一些改进建议和方法。

一、润君教育教学实现之君子之仁部分

(一)润君教育校本课程——仁爱篇

1.课程目标

(1)仁爱是孔子思想体系的理论核心。仁爱是师爱的核心,对学校和教师而言,要全心全意、真心真意接纳每一个学生,启发每一个孩子的潜能。对学生而言,为人处世要做到的品格是恭、宽、信、敏、惠,这些品格是

孔子倡导的仁者精神。做仁爱教师,培育具有恭敬、宽容、诚信、勤敏、慈惠的谦谦少年将是学校各项工作的出发点。

(2)为了进一步推行课程改革,切实搞好以学校为基地的课程创新,"仁爱"校本课程开发的根本目的在于用"仁爱教育"播种"多彩梦想"。

(3)严格执行教育方针和国家有关的法律法规,坚持民主管理,依法治校,以德治校。学校立足"道德课堂",围绕"多彩教育",构建"仁爱课堂",培养少年君子。"爱心、关心、细心、耐心、宽容、体谅"是尤溪县实验小学每一个教师的特质,心怀"仁爱",做一名"有爱心、善交流、了解每个学生"的教师是尤溪县实验小学每个教师的目标。为了丰富学生校园文化生活,构建健康和谐文化氛围,全面推进素质教育,尤溪县实验小学以"多彩教育"理念为指导,致力打造为了每个学生的发展的"少年君子"团队活动。

(4)以"多彩教育"理念为统领,深化"三化"建设,聚焦核心素养,践行社会主义核心价值观,紧紧围绕"仁爱教育"办学理念,立德树人,致力于学校内涵发展,品牌提升,致力于师生"乐学善教,学教喜悦",努力办出一所精致、全纳、创意、温暖的"仁爱校园"。

2.内容设计

(1)本部分分为 12 个课时。以孔子思想体系的理论核心——仁爱为指导原则,分层次、有序地向学生阐述仁爱的具体思想和内容。

(2)每个课时内容的设计,严格按照课堂教学的要求和特点来进行。每节课都有相应的目标、课前准备、重点和难点、过程和活动拓展等环节。希望能在有限的课堂教学时间之内,尽可能地让学生深刻地感受到、学习到仁爱的核心和精华思想。

3.目录设计

第 1 课　学唱国歌

第 2 课　我爱国旗、国徽和国歌

第 3 课　我爱我的家

第 4 课　我爱我班

第 5 课　我爱学校

第 6 课　孝亲敬老　从我做起

第 7 课　红领巾心向党(主题中队会)

第 8 课　感恩与梦想

第 9 课　学会感恩　快乐成长

第 10 课　支持中国创造,提升爱国情怀

第11课　走进公益,争当小小志愿者

第12课　我爱我的祖国

4.教学经验

(1)教育工作者只有理性地分析不同学生的心理,以爱心为前提,充分尊重学生个体,才能赢得学生的欢迎,也只有友爱、善良、公正、尊重、信任地对待学生,教育工作者的教育才能使学生在平和、愉悦的心态下接受,才能使学生产生良好的情感体验,达到"仁爱产生仁爱"的效果。中国传统文化历来推崇仁爱,并把这看作人生事业能否取得成功的最重要因素之一。仁爱教育,既是传承优秀文化的需要,也是开创时代精神的呼唤。

(2)教育的根本任务就是立德树人,教育改革的主流就是培养学生的创新精神和实践能力。认真贯彻国家方针政策,注重学校内涵优质发展,办人民满意教育,从整体上推动各教育环节的系统变革,最终形成以学生发展为核心的完整的"育人"体系是我们必须思考的问题。

5.课例评介

以第1课、第2课、第5课和第6课为例。

※ 第 1 课　学唱国歌

【课程目标】

让学生在教师的引导下,从视频、音频、图片中认知国旗、国徽和国歌,激发学生对祖国的热爱之情,为自己是中国人而感到自豪。

【教师准备】

准备一面小国旗;收集有关国旗、国徽和国歌的资料(文字、图片、音像等);教师精心制作教学课件。

【学生准备】

学生课前观察并记录(用文字或图画)可以在什么地方看到国旗、国徽和听到国歌。

【教学过程】

同学们,你们听过《国家》这首歌曲吗? 我们大家跟随着音乐一起唱。

歌曲:《国家》

一玉口中国,一瓦顶成家。都说国很大,其实一个家。

一心装满国,一手撑起家。家是最小国,国是千万家。

在世界的国,在天地的家。有了强的国,才有富的家。

国的家住在心里，家的国以和矗立。国是荣誉的毅力，家是幸福的洋溢。

国的每一寸土地，家的每一个足迹。国与家连在一起，创造地球的奇迹。

一心装满国，一手撑起家。家是最小国，国是千万家。

在世界的国，在天地的家。有了强的国，才有富的家。

国的家住在心里，家的国以和矗立。国是荣誉的毅力，家是幸福的洋溢。

国的每一寸土地，家的每一个足迹。国与家连在一起，创造地球的奇迹。

国是我的国，家是我的家。我爱我的国，我爱我的家。

国是我的国，家是我的家。我爱我的国，我爱我的家。

我爱我——国家。

在1949年10月1日举行的开国大典上，毛泽东宣告：中华人民共和国中央人民政府今天成立了！

今年10月1日是第(　　)个国庆节。

《中华人民共和国宪法》规定，中华人民共和国国旗是五星红旗。中华人民共和国国歌是《义勇军进行曲》。中华人民共和国国徽中间是五星照耀下的天安门，周围是谷穗和齿轮。

我们还在哪里看见过国旗、国徽？什么时候我们要唱国歌？

每次升国旗时，听到国歌声响起，我们要停止走动，不说话，向国旗行注目礼。

我们一起来学唱国歌吧！

❋第2课　我爱国旗、国徽和国歌

【课程目标】

(1)认识国旗、国徽和国歌，知道国旗、国徽出现的一些场合。

(2)知道国旗、国徽和国歌是我们祖国的标志，体验对国旗、国徽和国歌的热爱之情。

(3)知道升国旗、奏国歌时应做到肃立、敬队礼或行注目礼。教育学生爱护国旗、国徽。激发学生对祖国的热爱之情，为自己是中国人而感到自豪。

【教学过程】

一、导入课题

(1)教师播放《国家》这首歌曲：同学们一起跟随歌曲唱一唱吧！

(2)师：同学们，我们爱我们的国家，首先我们得了解我们国家的国旗、国徽和国歌,今天我们就一起来学习国旗、国徽和国歌的知识。

(3)教师板书课题:我爱国旗、国徽和国歌。

二、认识国旗、国徽和国歌

(1)在1949年10月1日举行的开国大典上,毛泽东宣告:中华人民共和国中央人民政府今天成立了!今年10月1日是第(　　)个国庆节。

(2)师提问:大家知道为什么我们的五星红旗是红色的吗?为什么有五颗星?五颗星象征什么?

(3)同学回答。

(4)师展开国旗,讲解:红色象征革命。五星呈黄色,有象征中国人为黄种人之意。大星代表中国共产党。四颗小星代表工人、农民、知识分子、民族资产阶级(即士、农、工、商,"四民")。四颗小星环拱于大星之右,并各有一个角尖正对大星的中心点,象征中国共产党领导下的革命人民大团结和人民对党的拥护。

(5)师提问:大家知道国徽上面的五角星、天安门、谷穗和齿轮有什么含义吗?

(6)同学回答。

(7)师小结:中华人民共和国的国徽象征着中国人民自五四运动以来的新民主主义革命斗争和工人阶级领导的以工农联盟为基础的人民民主专政的新中国的诞生。四颗小五角星环绕一颗大五角星,象征着中国共产党领导下的全国人民的大团结;齿轮和麦穗象征着工人阶级领导下的工农联盟;天安门则体现了中国人民的革命传统和民族精神,同时也是我们伟大祖国首都北京的象征。国徽在颜色上用正红色和金黄色互为衬托对比,体现了中华民族特有的吉寿喜庆的民族色彩和传统,既庄严又富丽。(播放视频:国徽)

(8)师提问:小朋友们谁知道国歌的来历?

(9)学生回答。

(10)师小结:中华人民共和国国歌为《义勇军进行曲》,诞生于1935年,由剧作家田汉作词,中国新音乐运动的创始人聂耳作曲,它表现了中国人民反抗日本侵略的必胜信心。诗人田汉在国民党狱中写成歌词后,辗转传给聂耳谱曲。这首歌原为电影《风云儿女》的主题歌。影片《风云儿女》描写的是"九一八"事变之后,日本侵占了中国的东北三省,中华民族处于生死存亡的危急关头,一些知识分子从苦闷、彷徨中勇敢走向抗日前线。歌曲随电影的放映,更由于救亡运动的开展,流传于全国每一个角落,影响

极大,被称为中华民族解放的号角。(播放音频:中华人民共和国国歌)

(11)师提问:同学们说一说,哪些地方有国旗和国徽?为什么这些地方有国旗和国徽?

(12)师小结:国旗和国徽是一个国家的标志和象征。在许多重要场合悬挂国旗和国徽是代表我们中华人民共和国。

(13)展示图片。

(14)师提问:小朋友们请想一想,除了这些地方,哪里还可以看到国徽和国旗呢?

(15)学生交流讨论。

三、升国旗,唱国歌

(1)师提问:小朋友们知道我们为什么要升国旗、奏国歌吗?

(2)师回答:国旗是国家主权和民族尊严的象征,升国旗也象征着国家蒸蒸日上;还可以培养人们的爱国意识,增强人们的民族自豪感、凝聚力和荣誉感。

(3)师提问:小朋友们,正因为国旗是我们国家的标志,所以升旗是一件很严肃的事,升旗时我们要认真对待。大家知道哪些升国旗的礼仪呢?

(4)师小结:升旗时要做到站端正,敬礼,行注目礼。学习诗歌《我爱国旗》。

(5)师:请全体学生起立面向国旗,练习升国旗、唱国歌。在国歌的伴奏下跟随老师庄严宣誓:"我是中国人,我爱我的祖国——中国!"(播放音频:国歌伴奏)

(6)师提问(课堂小讨论):看到五星红旗升起,在空中高高飘扬,大家有什么感想?

(7)学生回答。

四、实践

(1)师(我是小法官):有一家公司在商品的包装上使用了中华人民共和国国旗,并且以小广告的形式四处散播宣传。同学们认为这家公司的行为对吗?为什么?

学生讨论回答。

师:行为错误,总结案例。

(2)师播放视频,小学生上课迟到突遇奏国歌,雨中站立独自敬礼。视频播放后,询问学生们的感受,并做总结。

(3)小丽说"我要用人民币做一件好看的工艺品",对此,你如何看待?

五、拓展

课后小调查:每位小朋友回家后,问一问爸爸妈妈、爷爷奶奶,当他们看到五星红旗升起的那一刻,有什么感受。

六、结语

师:通过这节课的学习,你最深的感受是什么?

结语:希望同学们能够好好学习,长大建设祖国,让我们的祖国更加美丽富强,让我们的五星红旗不仅在中国大地飘扬,还要在世界各地高高飘扬!(教师播放视频:2019年国庆升旗仪式。点评总结本课。)

【课程总结】

(1)这两节课虽然在课时安排上是独立的,但整体上有连贯的地方。通过两个课时的教学和学习,能够让学生比较全面地认识到作为国家标志性特征——国歌、国旗和国徽——的整体含义和特点。

(2)两个课时的内容主题虽然相对简单,但教学过程的程序安排和课堂氛围的营建,是教学的难点和重点。

(3)关于国歌、国旗和国徽的知识传达是教学的第一个目标,更重要的是,让学生能从这种仪式感中体会和感受到对国家的仁爱之心是每个公民必知、必备的责任和义务,从而在学生的内心种下爱国的种子。

【改进建议】

(1)涉及国歌、国旗和国徽是一项庄严而神圣的事情。教师的神态、语气和话语的节奏都要以这个要求和标准来确定。

(2)在课堂的教授手段和方法上,除了知识性的教授过程,教师在课堂上还应该充分利用视频和音频资料来营造课堂氛围。上述两节课的视频和音频资料相对来说有点简单,各个素材衔接得还不是很自然而有序。

(3)建议增加的视频或音频材料如下:①《我的中国心》现场演唱资料;②天安门和国旗的特色照片,以及每逢重大节日升国旗的情景图片;③海外华人或同胞升国旗和展示国旗的场景或照片;④国旗班的战士平时训练的场景图片或故事;⑤杨利伟在太空展示国旗的图片;⑥奥运会上中国运动员获得金牌时升国旗的感人场面;等等。上述资料可以选取有代表性的进行专题展示,让每个学生在了解知识的同时,能在学习氛围中感受到国歌、国旗和国徽的含义。

❀ 第5课　我爱学校

【活动背景】

　　学校是学生熟悉的场所,是他们生活的乐园。学校里有师生辛勤的汗水,有画不尽的色彩,写不完的诗篇,唱不完的歌谣。本节课根据高年级学生的特点,围绕"美丽校园"和"我为学校添光彩"这一内容,引导学生深入了解学校,把课内外和校内外结合在一起,培养学生的学习兴趣、合作探究的能力,养成良好的行为习惯,培养学生热爱学校、热爱家乡的情感。

【活动目标】

　　(1)知识目标:让学生通过调查、访问、观察等,从学校的历史、规模、设施、环境、荣誉等方面多角度地了解我们的学校。

　　(2)情感目标:了解学校,使学生获得亲身体验,教育学生热爱学校、勤学向上,努力为校争光。

　　(3)能力目标:培养学生用自己的语言、文字、图画、音乐、相片等进行表达的能力,学会分享共同的劳动成果,学会互相合作。

【活动计划】

　　围绕"我爱学校"这一主题在校内进行调查。

　　(1)调查时间:两周。

　　(2)调查内容:学校的校史、规模、设施、环境、荣誉及办学情况。

　　(3)调查方式:查找有关资料、实地观察,或者采访总务主任和老校长等。

　　(4)活动成果形式:学生习作(经历体验、心得体会)、图画、相片、视频等。

【活动准备】

　　(1)分组调查,明确分工。

　　①查找资料组:了解尤溪实小百年老校的发展变迁,近年来取得的荣誉。

　　②设施调查组:了解学校的办学规模、设施等。

　　③环境调查组:拍摄、搜集校园优美的环境的图画、相片,捕捉校园内文明的行为及不文明的行为。

　　(2)学生通过分组调查了解学校各方面的情况,收集相关的资料。

　　(3)思考:作为一名小学生,应当怎样热爱学校?

【活动过程】

一、导入课题

　　师:每个人都有一个家,那里有爸爸妈妈的关心和爱护。事实上,我们还有一个家——学校。我们一天中有将近一半的时间都是在学校里度过的,我们在这里学习,在这里游戏,在这里体验同学的友情,在这里享受老师的关怀,学校就是我们另一个温馨的家。

同学们,你们爱学校吗?好,这节课让我们一起来说说学校的哪些地方值得大家爱呢?我们又应该怎样爱学校呢?

二、我爱美丽的校园

师:老师之前让大家去调查了解我们学校各方面的情况,现在请各小组汇报一下,你们准备向大家介绍学校哪些方面呢?(各小组汇报,展示搜集到的各种资料。)

(1)百年老校的发展变迁。

(2)学校规模。

①人家总说我们学校规模很大,你们通过调查了解,知道了哪些情况?能具体帮我介绍一下吗?

②学生自由回答(占地面积大、建筑面积大、学生人数多、班数多、教师人数多)。

③小结:你们知道吗?我们学校是全县小学中的最高学府,不仅规模大,而且设施很齐全呢!我们学校有哪些主要的设施呢?请设施调查组的同学向大家介绍。

(3)齐全的设施。

①介绍学校有关设施。

②你们最喜欢学校的哪些场室呢?为什么?

师小结:学校的场室应该说是非常齐全的,我们学校的设施真是越来越多,越来越现代化。

(4)优美的学校环境。

①刚才下课的时候,我听到一位外校来的老师在夸我们学校的环境美呢!大家觉得我们学校美不美?我们请环境调查组的同学来展示。

②你们觉得我们学校哪些地方最美丽?学生讨论回答。

③学校环境真美啊!可是让我们再来看看下面的场景,这些就发生在我们美丽的校园。

环境调查组展示捕捉到的不文明画面:塑胶操场上的口香糖渣、随手扔的瓶子和垃圾、墙壁上的墨迹、损坏的护栏、流水的水龙头等。

这些不文明的现象让我们美丽的校园蒙上了阴影,也有损我们实小人的形象。那么,我们应当怎么做呢?

④学生讨论:讲卫生,不乱扔纸屑杂物;爱护学校的花草树木和公共财物;每天做好卫生值日;有良好的环境卫生意识,讲文明懂礼貌,养成良好的行为习惯;及时制止不文明的行为……

⑤看来我们学校的美化、净化离不开每个同学的爱护。

三、我为学校添光彩

(1)我们学校条件这么好,环境这么优美,成绩也很棒！同学们知道我们学校取得过哪些荣誉吗?请查找资料组的同学把收集到的材料展示一下。

(2)查找资料组展示介绍。

(3)我们学校的荣誉可真多啊!作为尤溪实小的学生,你们会不会感到很自豪呢?那大家喜欢学校、爱学校吗?你准备用什么方式来表达对学校的爱,为学校添光加彩呢?

(4)学生自由回答:认真学习,取得好成绩,将来回报学校;积极参加各种比赛,为学校争荣誉;爱护学校的花草树木和各种设施;及时劝导不文明的行为;通过照片、歌唱、语言、习作、图画作品等方式来表达对学校的爱……

四、总结

通过这节课的学习,我知道大家都在用行动、用学习来表达对学校的爱,让我们共同努力,为学校添光加彩。我们要做到:今天我们以学校为荣,明天学校以我们为荣,努力把我们学校建设得更加美好!

【课程总结】

(1)本课时的教学内容将校史教育有机地纳入润君教育校本课程的仁爱篇里面,也将环境教育的思想比较突出地体现出来。只有拥有良好的校园环境和具有人文精神的校园氛围,才能让学生在其中获得教育的感知力,久而久之,日积月累,才能塑造和影响学生热爱学校之情,让学生自己明白,学校是自我成长的地方,是学习知识的家。

(2)作为一个单独课时,暂且不论它的实际效果到底如何。其实,本节课时所传达给学生的热爱学校的意识,在学校管理的层面上,可以有意识地去引导和培养学生日常热爱学校的习惯,并在学校制度上去完善、去规范,这也必将对学校的管理提供更为持久的促进作用。

【改进建议】

(1)“我爱学校”这个主题对于小学生来说,有个逐渐认识的过程。从入学的第一天到毕业,这是他们生活和学习的地方。小学阶段,小学生的认知水平还是有限的,如何让小学生通过 2190 天(假期没有除外)对学校产生真正的感情也是一项学校管理方面的课题。从这个角度来说,学校层面上的情感管理和制度安排是否有所考虑,并能出台一系列的指导或辅助教学建议,这是一项长期而严谨的工作。

(2)上述课程中,在学校名人或优秀毕业生的介绍材料上是不多的,希望有所补充。从这一点来说,学校名人或优秀毕业生的示范性作用,能给小学生带来自豪感、荣誉感。或者说,让小学生逐渐去理解母校对于自己的含义和关系。

✿ 第 6 课　孝亲敬老　从我做起

【学情分析】

"孝"是中华民族的传统美德,作为教育的宗旨,首先要引导学生成为一个向善的人,但现在由于独生子女在家庭中的位置和生态环境具有特殊性等原因,任性、嫉妒、胆怯、自理能力差等个性越来越凸显,与父母在知识水平、思想观念、行为方式等方面都存在着差异。这节课通过一系列的活动,让学生进一步理解"孝",懂"孝",进而行"孝"。

【设计说明】

本案例分为两个部分。第一部分为安排学生课前分项收集资料,设计主题手抄报,让孩子初步体验孝老敬亲的意义,为孩子在课堂上的交流提供素材。第二部分为课堂教学设计。

【教学目标】

(1)培养学生搜集资料、筛选信息的能力。

(2)通过讲故事、晒全家福、发表感言等活动形式提高学生口语表达能力。

(3)通过活动,学生进一步懂得"孝"是中华民族的传统美德,在生活中能真正做到孝亲敬老。

【教学重点】

(1)训练口语表达能力。

(2)搜集、整理各种资料,感受平凡而又伟大的爱。

【教学难点】

(1)如何筛选收集整理资料,并展示资料。培养学生的合作能力。

(2)运用制作手抄报的基本知识制作一份手抄报。

【教学过程】

一、字义我来猜

(1)中华民族的传统文化博大精深,源远流长。中国的方块汉字,更是我们中华儿女行走世界的一个标志。中国的汉字,除了是语言外,还蕴含着老祖宗的深刻智慧和丰厚的人生哲理。

下面老师来给大家出示几个字,看大家认不认识。(出示"老""子""孝"的甲骨文,生猜)

(2)"孝"字是个会意字,上面是"老"字的上半部分,下面是"子"字,意为子在下面侍奉上面的老人,说白了,就是儿子要背着老子;还有一种解释为:"孝"字上面是个"土"字,寓意万物生长的基础,代表父母,下面的"子"代表孩子,而最关键的一笔是中间的撇。这个长撇是子女回报父母的象征,标志着从头到尾要对父母赡养送终。这个"孝"字,也就是"你养我小,我陪你老"最完美的阐释。

二、活动我展示

《孝经》上说:"夫孝,德之本也,教之所由生也。"这句话的意思是说,孝,是一切德行的根本,也是教化产生的根源。可见孝是中华民族的根,是中华文化的魂。孝亲敬老,我们该如何做?请各小组展示成果。

(一)第一组:搜集"孝亲敬老"的名言警句

该组学生分享搜集的名言、警句等。

(二)第二组:讲"孝亲敬老"故事

(1)讲古今故事,在故事中汲取精神营养。

(2)学生讲自己和父母的故事。

①父母令你最感动或者最难忘的一件事。

②父母令你最高兴的一件事。

(三)第三组:设计"孝亲敬老"主题手抄报

(1)学生展示手抄报,并阐释手抄报的设计意图。

(2)介绍校园手抄报制作小知识。

(四)第四组:晒晒全家福

(1)用晒照片的方式,晒"孝"的好家风。

(2)除了这些同学们展示的活动外,我们还可以开展哪些活动?

三、感言我来说

再多的活动形式,不如一次切实的行动!天再大,也大不过父母关切的目光。看完下面一段视频,同学们应该对这句话会有更深切的体会。

(一)观看视频短片《感恩母亲》

师:"谁言寸草心,报得三春晖。"这千古流传的赞美母亲的佳句,给了我深深的启示。对啊,母亲用她最淳朴的爱来呵护我们,哺育我们成长,却不计回报。母爱是不能用世俗的金钱货币来衡量的。

母爱是什么?母爱是爬两座山,蹚一条小河,走二十八公里的山路,转三次车,跨越四个省,坐三十六个小时的长途汽车……辛苦的跋涉,只是为了给生病的女儿做一顿饭!每一个母亲都是这样,对自己吝啬,但对自己的孩子,可以倾尽所有。我们的妈妈是超人,每个超人妈妈后面,都是对子女无限的爱啊。这就是我们的父母,为了我们,他们忘了自己。看了视频,同学们应该也有很多话想说,那么就把你想对爸爸妈妈说的话,大声表达出来吧。

(二)学生说感言

由学生交流感受。

(三)小游戏:判断对错

(1)你可以不经过父母的同意,随便出去玩。

(2)吃饭是等妈妈给盛饭。

(3)回家就要妈妈买零食吃。

(4)回家不认真写作业,老和妈妈顶嘴。

(5)不仅自己的事情自己做,还做很多家务。

(6)帮父母做力所能及的家务,减轻父母负担。

(7)有心事主动和父母说,经常与父母聊天。

(8)尊敬父母,对父母有礼貌,听从父母的教导,不顶撞父母,不和父母发脾气。

(9)生活节俭,无浪费现象,不乱花钱,不向父母提过高要求。

(10)在学校里听老师的话,认真完成作业。

(四)评价

根据学生在活动过程中表现的情感和态度,同时也根据小组在各个活动中的获奖情况,评出最佳合作奖、最佳口语交际能力奖、最佳表现奖、最佳创意奖等一系列奖项。

四、小结

孝敬父母并不是要求我们轰轰烈烈地去为父母做什么大事,而是要求我们从小事做起,从点滴做起。我们可以把心里话和父母说说,陪父母聊聊天;母亲节或者是父母的生日给父母一朵鲜花,或者是说一句祝福的话,如当妈妈生日的时候,祝妈妈生日快乐,身体健康;给妈妈洗一次脚,给妈妈盛饭等。一个祝福、一句问候、一朵鲜花、一个拥抱,甚至只是一个微笑,都是对父母的尊敬。

五、孝亲作业

(1)送父母一句温馨的祝福。

(2)给父母讲一个开心的故事。

(3)开展给父母捶背、打洗脚水或洗脚活动。

(4)主动完成力所能及的家务劳动。

(5)主动向父母汇报自己的生活、学习情况。

【课程总结】

(1)本节课的亮点在于:将仁爱这个比较抽象的思想与中国传统文化及形成的伦理观念和行动——孝亲敬老——有机地结合起来,让学生在切身的生活经验中感受到这一思想的教学目的。

(2)本节课实现了从自我到具有仁爱的自我的身份上的知识认同,更为重要的一点,这节课还是一个纽带,将校内的课堂教学和校外的生活教育联系起来,可以说,这节课打通了两者之间的壁垒。所以,这节课的主题拟定和教学实施,是很有实践价值的。

【改进建议】

(1)本节课从孝亲敬老这个主题出发,既有知识性的传授,也有行动的建议。在这一点上结合得还是比较自然而有序的。

(2)在课程材料的选取中,关于体现父爱或母爱的温暖和温馨的图片展示环节似乎少了一些。建议选取若干张这样的特色照片,让小学生至少在感官和视觉上更有深刻的印象。除此之外,在课堂上可以由老师或学生代表朗诵一首父爱或母爱的诗歌或散文。

(3)孝亲作业这个环节的设计还是很有特色的,可以说是行动的建议指南。除此之外,也可以建议小学生多读一些关于父爱或母爱的图书,然后写读后感,并在适当的时候安排大家一起讨论和交流阅读心得。

(二)润君教育校本课程——友善篇

1.课程目标

友善是中华民族千百年来形成的基本传统美德,我国传统文化中有大量关于和谐友善思想的论述。《论语·学而》中说"礼之用,和为贵",强调以一种和谐友善的态度来对待自然、社会和他人,以一种宽广的胸怀来处理各种关系。《周易》中说"地势坤,君子以厚德载物",表现出一种器量宏大的宽广胸怀。

友善教育是以生为本、友善发展的教育思想路径,它包括一以贯之的友善教育文化、至善之师的友善管理、育个性学子的友善课堂、成君子少年的友善德育。友善教育,是我校文化的精神内核,是集"享受善境"的视觉文化、"扬善个性"的行为文化、"友善教学"的课堂文化、"至善至美"的科研文化、"善润生命"的书香文化、"和谐共善"的人际文化于一身的文化共同体。所以,在实验小学校园内,友善教育不仅仅是一种教育理念口号,更是一以贯之的教育文化实践,为学校的管理、德育、课堂、活动打上了个性化的友善式发展轨迹。

"君子"品格中的友善指的是能善待自己,能与他人、社会、自然和谐相处,友善相对。

根据学生的不同情况,我们将目标分为低年段、中年段、高年段三个阶段。

(1)低年段

①知道自己在社会中的不同角色。

②热爱集体,积极为集体做力所能及的事。

③学习文明礼仪,与同学愉快相处。

(2)中年段

①知道自己在学校、社会、家庭里承担的责任和义务。

②培养文明礼仪的习惯,积极对待人际问题。

③尊重生命,热爱生命。

(3)高年段

①学习承担自己的责任和义务。

②学习积极面对和处理人际关系问题。

③热爱自然、关心社会,为社会做力所能及的事。

2.内容设计

本板块分为 3 个部分,共 12 个课时。从内到外,从个体到集体,从自我到社会覆盖了 3 个层面的内容。

这样的内容设计让学生能够在学校教育中实现并理解以下教育目标:友善即与人为善,要求人们善待亲友、他人、社会和自然。友善是公民优秀的个人品质,是构建和谐人际关系和社会关系的道德纽带,更是维护健康良好社会秩序的伦理基础。

3.目录设计

(1)提高内在修养

第1课　我是谁

第2课　做负责任的人

第3课　我们的生活需要谁

第4课　做文明有礼的学生

(2)优化人际关系

第5课　学会文明交往

第6课　熟知待客之道

第7课　律己待人

第8课　团结互助

(3)构建社会和谐

第9课　和为贵　礼先让

第10课　伸出爱的手

第11课　尊重生命

第12课　我们爱和平

4.教学经验

(1)教学实施者应该遵循大处着眼小处着手的教学指导原则,紧抓核心思想、紧握典型案例,这样才能达成比较理想的教学效果。

(2)这部分内容更能体现和表现出学校和教师的育人功能。

5.课例评介

以第4课、第6课和第11课为例。

❋ 第4课　做文明有礼的学生

【学习任务包】

(1)增强文明意识和礼仪观念,自觉做一个文明有礼的小学生。

(2)学习从我做起、从小事做起、从一言一行做起,践行公共道德,恪守文明规范,学习文明有礼知识,抵制不道德、不文明行为。

【教学过程】

一、漫步故事园

认真阅读小故事。

学会尊重

"巨象集团"是一家著名的美国企业,其总部设在纽约曼哈顿一幢70多层楼高的大厦内。环绕大厦的是一片郁郁葱葱的花园绿地。

这天,一位40多岁的妇人领了一个十二三岁的小男孩走进这个花园,他们坐在长椅上。妇人好像很生气的样子,不停地和男孩说着什么。距他们俩不远处,一位六七十岁头发花白的老人正拿着一把大剪刀在园中剪枝。这时,妇人突然从随身挎包里拿出一把手巾纸揉成一团,一甩手扔出去,正落在老人刚剪过的灌木枝上。白花花的一团手巾纸在翠绿的灌木上十分显眼。老人看了看妇人,妇人也满不在乎地看了看他。老人没有说话,拿起那纸团扔到不远处盛放剪下枝条的一个筐子里。老人拿起剪刀继续剪枝,不料妇人又将一团纸扔了过来。"妈妈,你要干什么?"男孩奇怪地问妇人,妇人对他摆手势示意他不要作声。老人过去将这团纸也拿起来扔到了筐子里,刚拾起剪刀,妇人扔过来的第三团纸又落在了他眼前的树顶上。就这样,老人不厌其烦地捡了妇人扔过来的六七团纸,始终没有露出不满和厌烦的神色。

"看到了吧!"妇人指了指老人对男孩说,"我希望你明白,你现在不好好学习,以后就跟这个老园工一样没出息,只能做这些低贱的下等工作!"

原来男孩学习成绩不好,妈妈在生气地教训他,面前剪枝的老人成了"活教材"。

老人听到了妇人的话,就放下剪刀走过来:"夫人,这是集团的私家花园,好像只有集团员工才能进来。""那当然,我是'巨象集团'所属一家公司的部门经理,就在大厦工作!"妇人高傲地说着,拿出工作证冲老人一晃。"我能借你的手机用一下吗?"老人突然问。妇人不情愿地把自己的手机递给老人,一边仍不忘借机教导儿子:"你瞧这些穷人,都这么大年纪了,连个手机也没有,你今后可要长出息哟!"

老人打完一个电话将手机还给妇人,不一会儿,一个人匆匆走过来,拱手站在老人面前。老人对他说:"我现在提议免去这位女士在'巨象集团'的职务!"

"是,我马上按您吩咐的去办!"那人连声应道。妇人大吃一惊,她认识来的这个人,他正是"巨象集团"人力资源部的高层人员。"你……你怎么会对这个老园工那么毕恭毕敬呢?"她惊诧莫名,拉住他的手问道。"什么老园工?他是集团总裁詹姆先生!"妇人颓然地坐到椅子上。

老人走过来抚摸着那男孩的头,说:"我希望你明白,在这世界上最重要的是要学会尊重每一个人……"

二、边读边想

边读边想,思考下列问题:

(1)你认为与人交往最重要的是什么?

(2)你知道多少校园的文明礼仪?

三、畅所欲言

(一)我们应该怎样做才算文明有礼?

言谈举止文明有礼。随时随地注意自己的言谈举止,注重文明礼仪修养,做到礼貌待人、言语谦和、举止得体。

公共场合文明有礼。摒弃随地吐痰、乱扔垃圾、讲脏话粗话等陋行,自觉说文明话、办文明事、做文明人。

(二)我也来说一说:

(1)同学相处文明礼。

(2)行路乘车文明礼。

(2)旅游观光文明礼。

(4)网上交流文明礼。

四、老师有话说

老师也想说一说:

习惯的养成不是一朝一夕能完成的事,这就要求我们每个人严格约束自身言行,做到天天遵守、时时克制,直到非常熟练,成为生命的一部分,想丢也丢不掉,便成了好习惯。对于一个集体,只有多数人养成了好习惯,才能形成好风气;只有形成了好风气,才能促使其他人更加进步,才能使我们的社会更加美好。让我们积极行动起来,从现在做起、从自身做起、从一言一行做起,为做一个文明有礼的实小人而共同努力!

五、课外链接

请同学们和同桌一起做个小游戏,并说说做游戏时的感受。

第一步:两掌相对,十指交叉,注意观察大拇指的位置,看一看你左手大拇指在上,还是右手大拇指在上?

第二步:现在请大家刻意改变,反过来交叉,即刚才在上的拇指改在下,有什么感觉?

第三步:可以改过来交叉动作,我们不断重复几次,现在有什么感觉?是不是习惯了一点?

六、相关儿歌

行为习惯拍手歌

你拍一,我拍一,小孩少打游戏机。

你拍二,我拍二,垃圾装进塑料袋。

你拍三,我拍三,进了教室要坐端。

你拍四,我拍四,正确握笔写好字。

你拍五,我拍五,有益书籍天天读。

你拍六,我拍六,上下楼道请靠右。

你拍七,我拍七,放学路队要整齐。

你拍八,我拍八,诚实守信人人夸。

你拍九,我拍九,穿戴整洁系好扣。

你拍十,我拍十,做个文明好孩子。

自我评价:☆☆☆☆☆

他人评价:☆☆☆☆☆

【课程总结】

(1)本节课很契合友善的主题。友善是学生必备的内在修养和素质,也是学以成人的一个特征和表现。

(2)修养和素质往往是一个人的人格的沉淀。"勿以善小而不为",这也正好切中了君子培养的目标。这一习惯的养成也是促进学校素质教育的有效途径。

【改进建议】

(1)本节课从正面对做文明有礼的学生这个主题进行教学,缺少从反面材料或案例上的对比说明,这是需要注意的一点。

(2)在活动实施建议上,可以以班级为单元,按周或按月为周期评选班级的文明小学生代表或模范,正如流动红旗的评选一样,让每个小学生有一种参与意识和行动意识。

(3)在本节课事例故事的选择上,视角可以再开阔一些。中国作为礼仪之邦,还有很多典型的故事可以挖掘和整理。从这个角度来说,要将这个观念逐渐地传达给小学生。

❋ 第 6 课　熟知待客之道

【学习任务包】

(1)在活动中,增长生活知识与经验,学会用恰当的方式待人接物,学习待客的礼仪,懂得文明待客是每个小学生应具有的良好品行,从小养成文明待客的好习惯。

(2)学会关爱他人,尊重他人,与他人合作,学习解决生活中待客时遇到的一些问题,能从内心对客人友好。

【教学过程】

一、漫步故事园

演一演情景剧《家里来客人了》。

家里来客人了

妈妈的好朋友王阿姨来家里做客,送给明明一个小礼物。明明高兴极了,马上把小礼物打开了,然后嘟着嘴说:"这辆车子怎么这么小?"吵着妈妈要买大的玩具车,被妈妈批评了。过了一会儿,明明在客厅一边跳一边唱,还时不时地跑到妈妈、阿姨面前问这问那。不一会儿,王阿姨就走了。

二、边读边想

边读边想,思考下列问题。

(1)明明这样做好吗? 为什么?

(2)小主人这样的行为,客人看了心里会怎样想呢?

三、畅所欲言

模拟情景剧:假如今天是你的生日,同学们来到你家祝贺,你会怎么接待他们呢? 请大家畅所欲言吧。

接待客人要主动热情。

要尊重每一位客人,要礼貌地同客人打招呼,客人走时要送出门外。

四、老师有话说

老师也想说一说:

待客要礼貌、热情。对待客人的询问要大方应答。行为细节要让客人感到舒服。

五、课外链接

阅读待客礼仪小故事《你的鞋带松了》。

你的鞋带松了

有一位表演大师上场前,他的弟子告诉他鞋带松了。大师点头致谢,蹲下来仔细系好。等到弟子转身后,他又蹲下来将鞋带解松。

有个旁观者看到了这一切便不解地问:"大师您为什么又要将鞋带解松呢?"大师回答:"因为我饰演的是一位劳累的旅者,长途跋涉让他的鞋带松开,可以通过这个细节表现他的劳累憔悴。""那你为什么不直接告诉你的弟子呢?""他能细心地发现我的鞋带松了,并且热心地告诉我,我一定要保护他这种热情的积极性,及时地给他鼓励。至于为什么要将鞋带解开,将来会有更多的机会教他表演,可以下一次再说啊。"

六、老师悄悄话

中国是文明古国,自古以来就是礼仪之邦。孔子说:"有朋自远方来,不亦乐乎?"被朋友惦记是一种幸福,有朋友造访也是一种幸福。只有我们掌握了待客的礼仪,才能更好地招待朋友。

七、相关礼仪

客人来,起身迎,递拖鞋,要恭敬。

引入座,茶七分,糖果水果摆上厅。

举止得体重细节,礼貌周到要热情。

大人谈,应安静,小客人,陪着玩。

做游戏,动作轻,客人起身说再见。

客人离开关门轻,尊重客人好温馨。

自我评价:☆☆☆☆☆

他人评价:☆☆☆☆☆

【课程总结】

(1)友善的素质养成是与人际交往密切关联的,正是在人与人的交往中才能体现出一个人的素质。这节课的主题选择还是很有现实意义的。对于小学生而言,人际交往的教育似乎早了些,但是从教育目标的角度来说,任何教育都是不早的。

(2)模范和榜样的潜移默化的作用是巨大的,本节课的事例选择范围上应该再广泛一些,引入伟人和名人事例做参考,在教学中应该能收到意想不到的效果。

【改进建议】

本节课在内容设计上,可以以问题的方式导入,再以行动建议的方式来指导,这样效果能更好一些。例如,客人来家里拜访或做客,你需要力所能及地做哪些事情?设计六个步骤,并有一定的情景还原,想必会给小学生带来更深刻的认识和印象,用一点一滴的教学指导来影响小学生的行为习惯。

※ 第 11 课　尊重生命

【学习任务包】

(1)感受大自然之美,增强亲近大自然、爱护大自然的情感,树立正确的自然观。

(2)认识生命的价值和意义,既尊重自己的生命,也尊重他人的生命。

【教学过程】

一、真情流露

30亿年前,地球上就有了生命。经过漫长的演变过程,现在地球上的动物有150多万种,植物也有40多万种。地球是人类迄今为止发现的唯一有生命的地方。

二、边读边想

我眼中的自然之美:

(1)我们生活的这个地球为什么这么美丽?这么有活力?

(2)以小组为单位谈谈你眼中的大自然之美。

三、畅所欲言

生命中的不和谐:在我们的周围却时有破坏自然、践踏生命的现象发生。

(1)看到这样的现象你们有什么感受?

(2)你还知道哪些破坏自然、践踏生命的行为?

四、老师有话说

老师也想说一说:

生命是如此美丽,在这个世界上,每个生命都有生存的权利,每个生命都是平等的,每个生命都值得被珍爱,让我们珍爱自己的生命,珍爱一切生命!

五、我来试一试

请你拟一句环保公益广告语。

举例:绿色是生命的源泉,植绿护绿就是保护我们自己。

六、课外链接

敬畏生命

张晓风

那是一个夏天的长得不能再长的下午,在印第安纳州的一个湖边,我起先是不经意地坐着看书,忽然发现湖边有几棵树正在飘散一些白色的纤维。大团大团的,像棉花似的,有些飘在草地上,有些飘入湖水里。我当时没有十分注意,只当是偶然风起所带来的。可是,渐渐地,我发现情况简直令人吃惊。好几个小时过去了,那些树仍旧浑然不觉地在飘送那些小型的云朵,倒好像是一座无限的云库似的。整个下午,整个晚上,漫天都是那种东西。第二天的情形完全一样,我感到诧异和震撼。

其实小学的时候就知道有一类种子是靠风力吹动纤维播送的,但也只是知道一道测验题的答案而已。那几天真的看到了,满心所感到的是一种折服,一种无以名状的敬畏。我几乎是第一次遇见生命——虽然是植物的。

我感到那云状的种子在我心底强烈地碰撞上什么东西。我不能不被生命豪华的、奢侈的、不计成本的投资所感动。也许,在不分昼夜的飘散之余,只有一颗种子足以成荫,但造物主乐于做这样惊心动魄的壮举。

我至今仍然在沉思之际想起那一片柔媚的湖水,不知湖畔那群种子中有哪一颗成了小树。至少,我知道,有一颗已经成长。那颗种子曾遇见了一片土地,在一个过客的心之峡谷里蔚然成荫,教会她怎样敬畏生命。

七、励志名言

人类对大自然的每一步征服行动,都要遭到大自然加倍的报复。

——恩格斯

自我评价:☆☆☆☆☆

他人评价:☆☆☆☆☆

【课程总结】

(1)这节课的主题选得好。现在教育中,无论是学校教育还是家庭教育中,生命教育这个内容往往是被大家忽略的。每个人的生命只有一次,何其珍贵!而这方面的教育重点和难点又往往难以把握和实施。这个应该是每个教育工作者要面对的一个很现实的问题和责任。

(2)单从教学课堂来说,生命教育是比较简单和容易操作的,至少从教学方法和课堂氛围上能更好掌握和营造。

(3)本节课在生命教育主题的衍生上,没有注意到对学生生命意识的发现和引导,这是一个不足之处。

【改进建议】

(1)本课时的主题思想还可以有拔高的地方。例如,地球是我们生活的家园,进而可以再提出生态环境的思想,让小学生能够和应该感受到生命之所以可贵的地方,都有哪些表现形式和特点。

(2)在课外链接材料的选择上还可以再充分一些,不光是课外链接的材料,在课内阅读的材料选择上还需要有所补充。敬畏生命是一个主题,进而敬畏自然也应该是一个主题,建议选取如下材料作为补充:《大自然的智慧》一文,入选1998年中国散文排行榜,并被收入人民教育出版社初中二年级《语文》下册(课文名称《敬畏自然》)、《语文读本》高二卷(课文名称《大自然的智慧》)和广西教育出版社《新语文读本》高三卷(课文名称《大自然的智慧》)。可以选择试验的形式和朗读的形式将该材料的内容传达给小学生。虽然该材料会让小学生有认知和理解上的困难,但这一点倒不必过于担心,在现在这个信息时代,每个小学生的认识和理解能力已经有了他们自身的特点,虽然可能会不理解,但并不代表不需要提前知道。

(三)润君教育校本课程——诚信篇

1.课程目标

诚信的重要性在于利于人、利于己、更有利于社会的存在发展。诚信这一范畴是由"诚"和"信"两个概念组成的。诚,指真诚、诚实;信,指信任、信用和守信。"诚"与"信"合起来作为一个科学的道德范畴,是现代社会的产物。

在现代社会,经济的市场化和国际化、政治的民主化和法制化及文化的多元化和交往方式的现代化,无不凸显着诚信的价值并要求人们践行诚信。我们可以把诚信定义为适应现代市场经济发展要求的、同现代经济契约关系和民主政治密切相关并继承了传统诚信美德的真诚无欺、信守然诺的心理意识、原则规范和行为活动的总和。

诚信的本质,要从以下几个方面来把握:

首先,诚信是一种人们在立身处世、待人接物和生活实践中必须而且应当具有的真诚无欺、实事求是的态度和信守然诺的行为品质,其基本要求是说老实话、办老实事、做老实人。

诚信之诚是诚心诚意,忠诚不贰;诚信之信是说话算数和信守然诺,它们都是现代人必须而且应当具备的基本素质和品格。在市场经济的条件下,人们只有树立起真诚守信的道德品质,才能适应社会生活的要求,并实现自己的人生价值。

其次,诚信是一种社会的道德原则和规范,它要求人们以求真务实的原则指导自己的行动,以知行合一的态度对待各项工作。

在现代社会,诚信不仅指公民和法人之间的商业诚信,而且包括建立在社会公正基础上的社会公共诚信,如制度诚信、国家诚信、政府诚信、企业诚信和组织诚信等。这就是说,任何政府和制度都要按照诚信的原则来组织和建构,亦须按照诚信的原则行使其职权。一旦背离了诚信的原则和精神,政府就会失信于民,制度就会成为不合理的包袱。

最后,诚信是个人与社会、心理和行为的辩证统一。诚信本质上是德性伦理与规范伦理或者说信念伦理与责任伦理的合一,是道义论与功利论、目的论与手段论的合一。

如果说"诚"强调的是个人内心信念的真诚,是一种品行和美德,那么"信"则是诚这种内在品德的外在化显现,是一种责任和规范。在中国历史上,就有"诚于中而信于外"的说法。诚信不仅是一种道德目的,是人们应当具有的一种信念,而且是一种道德手段,是人们应当承担的一种社会责任和谋取利益、实现利益的方式。

诚信,既可以是价值论和功利论的,又可以是道义论和义务论的。价值论和功利论的诚信观把诚信看作一种价值和实现目的的手段,认为人们如果不讲诚信就无法实现自身的发展和完善,也很难取得长久而真正的利益。道义论和义务论的诚信观则把诚信视为一种应尽的义务和内在的要求,认为人们讲求诚信是提升自身素质和实现全面发展的需要,讲求诚信哪怕不能带来物质上的利益,仍然是弥足珍贵的。

我们主张在诚信问题上把道义论和功利论结合起来,既把诚信的讲求视为一种谋利和促进发展的手段,又把诚信的讲求视为一种神圣的使命和内在的义务,使诚信的讲求既崇高又实用,既伟大又平凡,这体现了中国传统文化所倡导的"极高明而道中庸"的价值特质。

总之,诚信是一切道德的根基和本原。它不仅是一种个人的美德和品质,而且是一种社会的道德原则和规范;不仅是一种内在的精神和价值,而且是一种外在的声誉和资源。诚信是道义的化身,同时也是功利的保证或源泉。

2.内容设计

本板块以诚信为主题,从 12 个方面结合学生和学校及社会的现实情况,挖掘诚信的主题及其表现形式。

本板块的教育内容不是大道理的宣扬和灌输,而以多种多样的活动形式,如主题班会和主题队会等形式,尽可能地让每个学生都能积极参与进来,以最大限度地影响到每个学生,从而让诚信这个主题和话题与教学效果相挂钩。

3.目录设计

第 1 课　做事实在　表里如一

第 2 课　"做诚实守信的人"

第 3 课　知错就改

第 4 课　以诚待人

第 5 课　言必信　行必果

第 6 课　信守承诺

第 7 课　诚实守信主题班会

第 8 课　"我诚信　我美丽"主题队会

第 9 课　诚信做人到永远

第 10 课　诚信是金

第 11 课　诚实守信　履行诺言

第 12 课　不说谎,不作弊

4.教学经验

(1)诚信是做人的基本准则,是道德的要求,也是社会约定俗成的一个规定。人类进入文明时代,需要互相交流、互相合作,那么便要求人与人之间信任与付出。对于个人来说,诚信会使你拥有好的口碑,结交更多的人,同时自己在信守承诺的同时也可以锻炼自我。对于社会来说,诚信更是可以促进人们互相信任,构建和谐社会。从这个角度来说,诚信教育是构建和谐社会的一个教育着眼点。

(2)本部分的教学实施,要注重核心思想的要点提炼,使之成为每节课堂的主题,并需要在有内容、有意思、有感悟的多种课堂活动中实现教育目标的达成。教师既是主讲人,也是活动发起者和组织者,这也是对教师综合素质的考验。

5.课例评介

以第 1 课、第 4 课和第 8 课为例。

✳ 第 1 课　做事实在　表里如一

【活动目的】

(1)知道诚实守信的基本含义,懂得诚实守信是中华民族的传统美德,现代社会更需要诚实守信。

(2)让我们鄙视虚假和不守信用的行为,对自己不诚实和不守信用的行为感到不安和歉疚。希望通过此次班会,能引起部分同学对不诚信行为的重视,做一个诚实守信的小公民。

(3)增强学生自信,使学生努力做到说话做事实在、表里如一。

【活动要点】

(1)讲故事,从中了解诚信。

(2)学习关于诚信的成语。

(3)观看小品,让大家在愉快的氛围中知道不讲诚信的结果。

(4)总结班会,增强学生诚信意识,深化班会主题。

【活动过程】

一、主持人进场

主持人述说诚信的含义,引入主题。

二、讲故事

司马光诚对买马人

宋神宗时司马光声言闭门著书,吩咐家人将他的坐骑卖掉。家人与一位老者谈妥五十钱,第二天成交。司马光听了家人的汇报后说:"这马有病,我怎么忘了交代? 明天你要对买主说清楚,这马有肺病。"家人说:"做买卖,哪有全说实话了?"司马光道:"话可不能这么说,让人家用一匹好马的钱买一匹病马,这不是骗人是什么? 这样的事咱不能干。"左邻右舍知道这件事后,纷纷称赞司马光为人诚实。

宋庆龄承诺

宋庆龄要去看望幼儿园的孩子,幼儿园的小朋友听了都很高兴,都等着宋奶奶到来。突然,原来晴朗的天空刮起了大风,霎时间,飞沙走石,路上的行人都睁不开眼,大家议论,宋奶奶可能不会来。正在这个时候,宋奶奶不顾漫天风沙,满脸笑容地走下汽车,来到孩子们中间,一位老师感动地说:

"天气不好,您就改天再来吧!"宋奶奶说:"不,我不能失信,应当遵守诺言。"

三、看了上面几则故事,同学们有何感想?

主持人点名,发言者有奖品。

四、联系实际,指导行动

接下来,我们来看一些事例,如果你遇到这些情况你会怎么办?

事例1:周兵和宋杰是好朋友,他们曾经许诺,不管谁遇到困难,一定要互相帮助。这天周兵想抄宋杰的作业,宋杰没同意,他生气地说:"这点忙都不帮,真不讲信用。"

讨论:你对这件事怎么看?

事例2:汶川大地震期间,王丽的爸爸参加了医疗队。最近,她妈妈得了重病住进了医院。爸爸来信问家里的情况,王丽不知道该不该把妈妈生病的事如实地告诉爸爸。

讨论:她应该怎么办?

幻灯片(诚信的含义):诚实,即忠诚老实,就是忠实于事物的本来面貌,不隐瞒自己的真实思想,不掩饰自己的真实感情,不说谎,不作假,不为不可告人的目的而欺瞒别人。守信,就是讲信用,讲信誉,信守承诺,忠实于自己承担的义务,答应了别人的事一定要去做。忠诚地履行自己应承担的义务是每一个现代公民应有的职业品质。

五、班主任总结

班主任进行总结。

六、小品《诚信摆渡人》

[人物介绍]

坐船人(学生甲扮演),这是一个功成名就、自命不凡的年轻人。

老艄公(学生乙扮演),一位须眉皆白,头戴草帽,手拿烟斗,神情悠闲的长者。

[旁白]当我经过漫长的人生跋涉,走到这个渡口的时候,我可以非常自豪地说我这一生是成功的! 我肩上的七个行囊(分别由七位同学扮演)装满了"健康""美貌""机敏""诚信""才学""金钱""荣誉"。

坐船人:劳驾船家,摆渡过江多少钱?

老艄公:一口价,三个铜钱,包你安全到岸!

(开船不久,江面上开始起风浪)

老艄公:(叹了口气)唉,船小负重,客官要丢弃一个行囊。

坐船人:(面露难色)这……哪一个不是我辛劳所得?我怎舍得?

老艄公：有弃有取。

坐船人咬紧牙关，把"诚信"抛进了水里。

老艄公一愣，面露失望之色。

（过了一会儿，风平浪静）

坐船人：（面露喜色）老人家，趁着浪小，快快摇船吧！

老艄公瞥了一眼坐船人，径直走到船头。

老艄公：要我摇船可以，不过要用你的一袋"金钱"来充当船费。

坐船人：你……（气得说不出话来，但四周水天茫茫，何处是岸？只得把"金钱"扔给老艄公）

（行了不久）

老艄公：（摇头叹气）哎哟，人老了，没力气摇船——除非你把"健康"给我！

坐船人：事到如今，我就把"健康"给你。

老艄公：年轻人，你好人做到底，连同那几个行囊一起给我吧！

坐船人：你……真是贪得无厌，为何如此不讲诚信？

老艄公：（大笑）"诚信"？你不早将"诚信"抛入水中了吗？

坐船人无奈。

老艄公扑通一声跳入水中。

坐船人后悔莫及。

老艄公：年轻人，我帮你把"诚信"捞回来了，记住，从今以后，无论如何也不要把"诚信"抛弃。"诚信"才是人生真正的摆渡人啊！

（师）：请大家看幻灯片，并做一份问卷调查。分发调查表。

七、诚信调查

分发一份调查表用以了解同学们的诚信程度。调查内容如下：

1.拾到他人钱包，你会（　　　　）。

a.据为己有

b.找到失主，交还钱包

c.交还钱包，索要报酬

2.假如爸爸妈妈拒不赡养爷爷奶奶，你会（　　　　）。

a.视而不见

b.心里不满，无可奈何

c.说服爸妈，改变态度

3.假如你是推销员，明知你推销的商品有缺陷，你应对顾客（　　　　）。

a.讲清商品的真实情况

b.只讲优点,不讲缺陷

c.什么也不说,由顾客自己决定

请在符合自身情况的选项下打"√"

八、猜成语(二人一组,共八人,一人猜一人做,30秒内哪一队猜得多为胜利者,参与者皆有奖)

一诺千金;言而有信;一言既出,驷马难追;言行一致;实事求是;说一不二;一言九鼎……

九、结尾

班主任总结。

【课程总结】

(1)这节课作为润君教育校本教材诚信篇的开篇,首先主题选择是很准确的;其次,课堂内容和活动形式多样,将教与学、学与思、思与行比较完美地做了结合。这堂课可以说是一个实践教学的范例。

(2)本节课也可以看作一堂典型的思想与品德课,将道德领域和人际交往伦理方面的作用生动地表现出来,可见教学实施者的能力所在。如此来说,学校的思想与品德课的教学是拓展和实施润君教育思想和目标的一个很好的平台和方式。或者说,在学校教育体系的建设和完善中,这种尝试可以常态化、精细化,从而形成学校教育模式的创新,最大限度地发挥各个学科的教育效果的互补和共建的作用。

【改进建议】

(1)本课时的教学环节是比较多的,课堂上的时间安排和节奏掌控的难度也是比较大的。教学实施者的活动组织能力和课时管理能力是要提前下足功夫的。

(2)在教学内容环节的安排上稍显庞杂。其中第七个环节和第九个环节可以考虑去掉,如此并不影响整个课堂主题的完整性。

❋ 第 4 课　以诚待人

【教材分析】

本次活动课的话题是怎样真诚地对待每一个人、每一件事。通过课堂上的交流,让学生明白以诚待人是一种美德,它既体现了一个人的道德修养,又能使人与人之间和睦相处,增进友谊。

"诚信"是一个亘古的话题,古人云:人无信不立。又有云:诚者,天之道也;诚之者,人之道也。这个活动的开展意在教导学生真诚地待人处事,做到以诚待人。教学中,要增强学生参与活动的兴趣,创设与学生生活息息相关的情景,引导学生入情入境;让学生联想到自己生活积累中的真实情节,在真实的活动实践中体现出良好的品德素养;让学生从自己身边的点滴去感受以诚待人的喜悦,从而做到以诚待人。

【活动目标】

(1)学会以诚恳的态度、真诚的语言与他人交流,能条理清晰地表达自己的想法或建议。

(2)懂得真诚待人是一种良好的品德,激发学生待人诚恳、讲信用的思想情感,学会在生活中以诚待人。

(3)创设多种情景,引导学生从身边的小事中体现以诚待人。

(4)向同学和社会提出以诚待人的合理倡议。

【活动过程】

一、故事引入,引出主题

(1)师:想听故事吗? 可不能白听啊,我可是有问题要问的,愿意吗?

(老师讲故事)

一天,一个乞丐来到美国一家面包店内,当店员包好一个面包准备递给他时,发现他的手很脏,店员很反感。面包捏在手里犹豫了一下,这时,正赶上老板走过来,看到了这一情景,连忙接过店员手中的面包,非常有礼貌地递给那个乞丐,并微笑着说:"欢迎您再次光临!"

乞丐走了,店员不解地问老板:"您干吗要亲自招呼这样的人呢?"老板回答:"这是起码的商业道德,是我们做生意的秘诀。"后来这个面包店成了美国最大的面包店。

(2)师:故事讲完了,同学们,你知道老板说的秘诀是什么吗?

生回答。

(3)师:是呀,就是这个"以诚待人"让这位老板在美国赢得了许多人的赞扬,也赢得了威望,使他的生意越做越红火。以诚待人是一种美德,它既体现了一个人的道德修养,又能使人与人之间和睦相处,增进友谊。这节课,让我们围绕着"以诚待人"这个话题来开展一次语文综合性学习活动。准备好了吗?

二、交流讨论,感悟"真诚"

(一)"以诚待人"是美德

(1)师:同学们,在语文课的学习中,我们认识了几个"以诚待人"的人物,我们感动于《中彩那天》中这位父亲的诚实守信(课件),我们敬佩于《万年牢》中这位父亲的真诚实在(课件)。像这样"以诚待人"的故事还有很多,谁还能给大家讲一个?

(2)生讲"以诚待人"的故事。

(3)师:我发现,同学们讲的故事都有一个共同特点,那就是主人公都以自己真诚的态度赢得了别人的赞许和尊重。这些故事让我们明白了一个人拥有"真诚"就拥有了高尚的道德修养,所以我们说——"以诚待人"是美德。(课件)

(二)"以诚待人"方式多

(1)师:以诚待人的"诚"字不只是体现在真诚、诚实上,还体现在宽容、尊重上,像《将心比心》(课件)中的阿姨帮别人开门及母亲宽容地对待护士,也是"以诚待人"的表现。

(2)其实在生活中,以诚待人可以表现在许多方面。比如说前天有一个同学流鼻血了,另一个同学热情地给他擦洗;比如说×××同学捡到一个电话手表,主动地交给了老师;比如说妈妈去买东西,售货员多找了钱,妈妈主动退还了钱。这些都是以诚待人的表现。那么,同学们想一想,生活中还有哪些行为也是"以诚待人"的表现呢?

(3)生回答(范例):

学校内见到老师……(大家能弯下腰,礼貌地叫声老师好,这是以诚待人的表现)。

班里的一位同学病了,好几天不能来学校上课……(你打电话问候他,或帮他补习,这也是以诚待人的表现)。

在我们学校,常有学生家长来探望自己的孩子,因而向你询问孩子在哪个班级……(如果你知道的话,你热情地告诉了他,并给他带路;假如你不知道,你也真诚地告诉他,并帮他向别的同学询问,这也是以诚待人的表现。

(4)师:同学们所说的这些都是以诚待人的具体表现,所以我们说——"以诚待人"方式多(课件)。

(三)"以诚待人"讲方法

(1)师:接下来我们一起来欣赏两个录像片。

A.学生甲边走边吃小食品,随手将包装袋扔在了操场上。

学生乙:站住!谁让你扔垃圾?你怎么这么不讲卫生?太不像话了,快把它捡起来。

学生甲:你管得着吗?凭啥让我捡起来?

B.学生甲边走边吃小食品,随手将包装袋扔在了操场上。

学生丙:这位同学,请你不要乱扔果皮纸屑。校园是我家,维护靠大家。请你以后不要乱扔果皮纸屑了。好吗?

学生甲:(连忙捡起了垃圾,低着头,不好意思地说)对不起,是我的不对。我今后再也不会这样了……

(2)师:同学们,看了上面两种情况,我们来讨论一下。

A.你认为哪一个同学的做法对呢?为什么?

B.怎样说,怎样做,才能表现出自己的诚意呢?

(3)同桌讨论后反馈:

①学生乙态度不够好,没有表现出自己的诚意。

②学生乙的语气较重,不容易让人接受。

生反馈:

①要注意说话的方式,讲话要比较委婉,这样别人才容易接受,才能表现出自己的诚意。(引导说出,比方说可以用上一些礼貌用语如"你请"等;板书:礼貌用语)

②要注意态度一定要诚恳,这样才能表现出自己的诚意。(板书:态度诚恳)

③要和他讲道理,说明为什么不能乱扔的原因,这样也能表现出自己的诚意,让别人接受自己的意见。(也就是要做到以理服人;板书:以理服人)

(4)师小结:是啊,在我们与人交往的时候,一定要注意自己讲话的方式,要发自内心地诚心诚意地对待别人,做到运用礼貌用语、态度诚恳、以理服人,所以我们说——"以诚待人"讲方法(课件)。

(5)创设情境

师:在我们的生活中,我们还常常会遇到哪些情况,我们一起来看。

情境一:张叔叔有事找小明的爸爸妈妈,可是爸爸妈妈都不在家,小明该怎么办?

情境二:考试时,小兰要小红给他讲答案,小红没有理他,考完试后,小红找到小兰,她会怎么说?

情境三:小文生病了住在医院,好多天不能来学校上课;班上的同学打算去看她,怎么样才能让她感受到来自朋友的关怀呢?

情境四:爸爸经常吸烟,导致经常咳嗽,妈妈说了爸爸多次,但爸爸还不听,仍然继续吸烟。面对这种情况,你怎样劝说你的爸爸,使爸爸不再吸烟？

情境五:路上,有人向你问路,你该怎样真诚地告诉他怎么走?

(6)下面,让我们在实践中学习如何做到"以诚待人"来处理这些情况。要求同学们四人一组自由选择一个情境进行练习表演。在表演中要注意做到"礼貌用语、态度诚恳、以理服人"。

(7)小组表演后,根据实际情况评议。(从语言上感受到有诚意,或者是从行动上感受到有诚意。)

(8)师点评:能认真评价别人的表现是以诚待人的表现,能认真听取别人的建议也是以诚待人的表现。这样,别人才能感受到我们的诚意,并乐于与我们交往,我想生活中类似这样以诚待人的事情你一定做过,说出来与大家分享分享。

注意(出示课件):

A.说话的同学,注意把事例说清楚,让别人听明白。(板书:说清楚、有条理)

B.其他同学认真听,可以给发言的同学补充或提出建议。(板书:认真听)

范例:

生1:有同学作业不会做来问我,我立即停下笔,耐心地教给他方法。直到他学会为止,我觉得这就是"以诚待人"。

生2:你做得很好。有一次,我看见有人在乱砍树木,我告诉他:"如果你乱砍树木,小鸟就没有了温暖的家,我们就看不到可爱的小鸟、听不到优美的鸟叫声,我们的生活也因缺了小鸟而少了一份快乐美好。"我觉得这也是"以诚待人"。

生3:在公交车上,我每次看见有老人,都会让座。

生4:有一次,我不小心撞到别人,我主动地、真诚地向他道歉,后来,他看我如此诚心地道歉,就原谅了我。

……

(四)"以诚待人"多提倡

同学们,生活中以诚待人的事例演不完、说不完,让我们用学过的以诚待人的名言、古诗文来向全校的师生提出倡议吧!(出示课件)

同学们,我们希望更多的人能做到以诚待人,所以我们要——"以诚待人"多提倡。

三、总结

同学们,以诚待人是一朵馨香的花朵,让他人陶醉,使自己芳香;以诚待人是一首古老的诗歌,让他人品味,使自己高尚;我相信,只要我们每个人都能做到以诚待人,我们的生活就能更加和谐。

板书设计:

以诚待人

礼貌用语——说清楚

态度诚恳——有条理

以理服人——认真听

【课程总结】

(1)以诚待人。这是教育的目的之所在。正所谓,诚者,天之道也;诚之者,人之道也。本节课的主题和教学目标是清晰的。

(2)教学实施者在课前准备、课堂引导和课堂管理中都表现出了较高的水平,这一点是值得肯定的。唯一不足之处在于板书设计有点过于简单,在表现形式上可以再多样化一些,在整个课堂展示的过程中可以分阶段以不同的板书形式来总结课堂的主题要点。

【改进建议】

本课时的整体内容设计还是比较完整的。不足之处在于,在课后作业布置和行动建议方面没有相应的内容。希望将本课时的内容进行总结,以课后作业的形式再延续下去。如果能以行动建议来具体实施的话,对于小学生形成良好的诚信的习惯有很好的促进作用。

❋ 第8课 "我诚信 我美丽"主题队会

【活动目标】

(1)懂得诚实守信是中华民族的传统美德,现代社会更需要诚实守信。

(2)希望通过此次队会,能纠正同学们的错误行为,做一个诚信的小公民。

(3)通过这次主题队会,学习弘扬中华民族的诚实守信文化,提高少年儿童的诚信文明意识,使其成长为一个品德高尚的人。

【活动准备】

活动前一周搜集古今中外关于诚信的格言、诗歌、故事等相关资料。

【活动过程】

一、准备

男：诚信是金。俗话说："是金子总会发光的！"一个人有了诚信，他的生命就会发光。

女：诚信是真。真真切切、真心相待，幸福就会围绕在我们周围。

男：诚信是美，当代人都追求美，追求外表美丽的同时，可别忘了最重要的心灵美。

女：诚信是德，是人与人交往中不可或缺的一种美德。

男：生活有了诚信才更加灿烂。

女：人生有了诚信才更加迷人。

男：世界有了诚信才更加美丽。"我诚信　我美丽"主题队会现在开始。　　中：全体起立，稍息，立正，各小队报告人数。小队长：第一小组：稍息，立正，报告中队长，六一中队第一小组应到（　　）人，实到（　　）人，报告完毕，报告人：（　　）。第二、三、中：稍息，（向中队辅导员报告）报告，六一中队应到30人，实到30人。请辅导员指示。

师：（按原计划进行中）是。立正，出旗、敬礼、奏乐。唱《中国少年先锋队队歌》（请坐）。

二、三句半《我诚信　我美丽》

男：我们的祖国是一个有着悠久历史的灿烂文明的大国。

女：中华民族是一个勤劳、勇敢、智慧、开放的民族。

男：在五千年的历史长河中，中华文化哺育着中华儿女。

女：传统的诚信文化像一颗璀璨的明珠，光照人间。

男：诚信是中国人民的光荣传统和崇高美德。

女：诚信是中华民族宝贵的精神财富。

男：下面请欣赏三句半。

……

三、讲守信故事

女：古今中外，有不少名人倡导诚信，写下了对诚信的理解。

男：下面请听×××讲《小列宁从花瓶中学会了诚信》。（挑人讲故事）

女：有句俗话说得好："做贼心虚。"不诚实一样会遭受良心的谴责，也会心虚的。为了自己能够心情愉快地成长，让谎言从我们身边消失吧。

男：长久流传的故事依然富有魅力。今天听了仍让人感慨不已。

四、诗歌朗诵《感悟诚信》

女:诚信是一种心灵的开放,是一种人格的魅力。下面请欣赏×××带来的诗朗诵《感悟诚信》。

男:谢谢×××同学给我们带来的精彩朗诵。听了他的朗诵我相信我和在座的同学们都又一次感悟了诚信,我想诚信是我们少年儿童做人的根本。

五、《小珊迪》

男:下面给大家带来一个生命垂危,即将悲惨死去的小男孩儿仍坚守诚信的故事。让我们来看看《小珊迪》的故事。观看。

女:多么感人的故事啊! 相信你们一定有许多感触,谁愿意说一说? (学生回答)

六、小辨析

女:听了这么多同学的发言,我相信你们一定对"诚信"二字有了新的理解。诚信是人生最高的美德,是不能用金钱买到的,我们只有坚定自己的信念,才能拥有高尚的人格。请同学们看大屏幕,这里有几道辨析题,请同学们说说自己的看法。

男:1.考试时,人家作弊,我不作弊,不是吃亏了吗? (挑人回答)

男:老实人或许有时会吃亏,但他无愧于心,无愧于堂堂正正的"人"字——从这个意义上讲,老实人总是赢家。请每位同学都珍惜自己的信誉,守住一片纯净的心灵!

女:2.小明家里比较穷,正为交学费发愁时,拾到一个钱包,钱包里有300元钱,正好够交学费的,他犹豫了片刻,还是将钱交给了失主。如果你是小明你会怎么做?

女:失去诚信,你所拥有的一切,金钱、荣誉、才学、机敏……就不过是水中月,镜中花,如过眼云烟,终会随风而逝。

男:3.张华的母亲怪父亲太过于信任别人,因而会吃亏上当,可父亲依然不改初衷,坚持着自己做人的准则。你觉得张华的父亲做得对吗?

男:人们常说"吃亏是福",我们的心胸要宽广,不要总是计较个人得失。

七、主持人总结

女:诚信,是中华民族的一种传统美德。这种美德的核心是真诚。诚则实,不会弄虚作假、吹牛奉承。

男:诚则信,不会出尔反尔、撒谎骗人。

女:诚则顺,为人真诚,办事则顺利。

男：诚实守信是做人之本，诚信是中华民族的传统美德。

女：下面请看《班级诚信守则》，让我们一起宣读《班级诚信守则》。

班级诚信守则

一、自己能做的事自己做，做事认真不马虎。

二、拾到钱物及时送还失主，找不到失主要主动交公，不贪小便宜。

三、作业不抄袭，考试不作弊，公平竞争，不弄虚作假。

四、真诚待人，诚心交友，助人为乐，不说谎话，表里如一。

五、实事求是，不懂不装懂，不投机取巧，不隐瞒自己的错误。

六、不替别人隐瞒错误，对别人的虚假行为提出善意批评和劝告。

七、答应别人的事要做到，情况有变时要及时说明，以求得谅解，在对不起别人时要主动道歉。

八、分辨是非，在坏人面前要随机应变，勇敢应付。

男：请愿意遵守该守则的同学签名并接受全年级同学的监督，做诚实、诚恳、守信的人。

八、班主任总结

班主任：看来，坦诚还是最明智的策略。诚实守信是做人之本。诚信是中华民族的传统美德。诚信是人生最高尚的美德。诚信是我们生活中不可缺少的一部分。祖国的希望寄托在你们身上。请同学们牢记：（班级齐读）一个有信誉的人，面容上有自尊，目光里有自信，行动中有把握，生活中有朋友。

班主任：今天的班队会到此结束，退旗、敬礼、奏乐。

【课程总结】

（1）这种形式的主题班会，比较充分地体现了教学形式的灵活性特点。在以班级为单位的学习和生活的空间里，在实现教学目标的同时，更凝聚了团队的力量，增强了学生之间的联系。从某种意义上说，这是班级情感培养的一种探索。

（2）需要有待提高的地方是，希望能有更生动的典型事例的引入，让学生有更重要的体验和感受。一些比较大道理的提法和说法，可以采用更为通俗和接地气的说法，或者把这些大道理转化成人生感悟性的观点和建议，从而让学生容易记得住，在学生的诚信教育之路上烙上清晰的印记。

【改进建议】

（1）本课时一共设置了六个环节，建议第一个环节"三句半《我诚信我美丽》"去掉,特色不明显。

(2)在宣读《班级诚信守则》这个环节,可以单独设置,并可以以行动建议的方式出现,或者让每个小学生都能参与制定和完善守则的内容。再或者,以小组为单位制作《班级诚信守则》的卡片,可以放置在教室里的一定位置上,也可以做成让小学生随身携带的卡片,放在文具盒或书包里,让小学生随时可以看到,起到一定的提示或引导的作用。

二、润君教育教学实现之君子之智部分

(一)润君教育校本课程——博学篇

1.课程目标

博学,是对知识、智慧方面的要求,意为广泛学习,全面发展,成为学识渊博之人。这既是行为准则,也是行动目标。语出《礼记》《论语》等典籍,《礼记·中庸》有"博学之,审问之,慎思之,明辨之,笃行之",《礼记·儒行》有"博学而不穷,笃行而不倦",《论语·雍也》有"君子博学于文,约之以礼",《论语·子张》有"博学而笃志,切问而近思",《论语·子罕》有"大哉孔子!博学而无所成名"等。

"博学篇"的出发点旨在要求师生目标远大,虚怀若谷,善学乐学;广泛猎取,兼收并蓄,全面发展;成为学识渊博、一专多能的复合型人才。

2.内容设计

本板块共分12个课时,以教育部教学大纲为指导,以小学生必读书目为基础,甄选了12个方面的内容。

由于课时所限,在有限的教学时间内无法进行系统而完整的介绍,所以每个课时都是选取重点,撷取精华,起到抛砖引玉的作用。这部分整体内容的设计可以看作一种博学意识的启蒙。

3.目录设计

第1课 走进《百家姓》

第2课 中国文学史上的三颗明珠之唐诗

第3课 中国文学史上的三颗明珠之宋词

第4课 中国文学史上的三颗明珠之元曲

第5课 中国古典文学巅峰作品——四大名著

第6课　最适合孩子阅读的书籍——儿童文学

第7课　寓言故事——小故事,大道理

第8课　读神话故事,领神奇之韵

第9课　智慧宝藏——《论语》

第10课　朱熹——理学集大成者

第11课　话说君子

第12课　博大精深——《道德经》

4.教学经验

(1)诚信是做人的基本准则,是道德的要求,也是社会约定俗成的一个规定。人类进入文明时代,需要互相交流、互相合作,那么便要求人与人之间信任与付出。对于个人来说,诚信会使你拥有好的口碑,结交更多的人,自己在信守承诺的同时也可以锻炼自我。对于社会来说,更是可以促进人们互相信任,构建和谐社会。从这个角度来说,诚信教育是构建和谐社会的一个教育着眼点。

(2)本部分的教学实施要注重核心思想的要点提炼,使之成为每节课堂的主题,并需要在有内容、有意思、有感悟的多种课堂活动中实现教育目标的达成。教师既是主讲人,也是活动发起者和组织者,这也是对教师综合素质的考验。

5.课例评介

以第1课、第6课和第10课为例。

❈ 第1课　走进《百家姓》

【学习任务包】

(1)了解《百家姓》的相关信息,知道名字蕴含的学问,能讲述自己名字里的故事,激发热爱中华民族的情感。

(2)对有关"姓名"知识产生兴趣,燃起探究欲望,选择自己感兴趣和不明白的问题,准备做进一步的研究,养成独立思考、动手实践的好习惯。

(3)拓展阅读《三字经》《千字文》等经典读本。

【教学过程】

一、学习资料袋

中国古称华夏,是世界四大文明古国之一。中国姓氏起源历史久远,姓氏文化传承源远流长,内涵丰富,博大精深,堪称人类社会发展史上的世界之最,是古今其他国家、地区和民族无可比拟的,更是我们中华民族的骄傲。

赵钱孙李　周吴郑王　冯陈诸卫　蒋沈韩杨　朱秦尤许　何吕施张
孔曹严华　金魏陶姜　戚谢邹喻　柏水窦章　云苏潘葛　奚范彭郎
鲁韦昌马　苗凤花方　俞任袁柳　酆鲍史唐　费廉岑薛　雷贺倪汤
滕殷罗毕　郝邬安常　乐于时傅　皮卞齐康　伍余元卜　顾孟平黄
和穆萧尹　姚邵湛汪　祁毛禹狄　米贝明臧　计伏成戴　谈宋茅庞
熊纪舒屈　项祝董梁　杜阮蓝闵　席季麻强　贾路娄危　江童颜郭
梅盛林刁　钟徐邱骆　高夏蔡田　樊胡凌霍　虞万支柯　昝管卢莫
经房裘缪　干解应宗　丁宣贲邓　郁单杭洪　包诸左石　崔吉钮龚
程嵇邢滑　裴陆荣翁　荀羊於惠　甄曲家封　芮羿储靳　汲邴糜松
井段富巫　乌焦巴弓　牧隗山谷　车侯宓蓬　全郗班仰　秋仲伊宫
宁仇栾暴　甘钭厉戎　祖武符刘　景詹束龙　叶幸司韶　郜黎蓟薄
印宿白怀　蒲邰从鄂　索咸籍赖　卓蔺屠蒙　池乔阴郁　胥能苍双
闻莘党翟　谭贡劳逄　姬申扶堵　舟宰郦雍　邰璩桑桂　濮牛寿通
边扈燕冀　郏浦尚农　温别庄晏　柴瞿阎充　慕连茹习　宦艾鱼容
向古易慎　戈廖庾终　暨居衡步　都耿满弘　匡国文寇　广禄阙东
欧殳沃利　蔚越夔隆　师巩厍聂　晁勾敖融　冷訾辛阚　那简饶空
曾毋沙乜　养鞠须丰　巢关蒯相　查后荆红　游竺权逯　盖益桓公
万俟司马　上官欧阳　夏侯诸葛　闻人东方　赫连皇甫　尉迟公羊
澹台公冶　宗政濮阳　淳于单于　太叔申屠　公孙仲孙　轩辕令狐
钟离宇文　长孙慕容　鲜于闾丘　司徒司空　亓官司寇　仉督子车
颛孙端木　巫马公西　漆雕乐正　壤驷公良　拓跋夹谷　宰父谷梁
晋楚闫法　汝鄢涂钦　段干百里　东郭南门　呼延归海　羊舌微生
岳帅缑亢　况郈有琴　梁丘左丘　东门西门　商牟佘佴　伯赏南宫
墨哈谯笪　年爱阳佟　第五言福　百家姓终

二、学习导航仪

(1)读一读,找找自己的姓氏排在第几位?

(2)你知道姓的来历吗? 为什么"赵"姓居百家姓之首?

(3)你知道自己姓中含有怎样的故事吗?

(4)介绍自己姓氏中的名人。

"姓"字,它是由"女"与"生"合成的字。5000多年前,我们人类处在母系氏族社会,姓的出现代表了以母亲为首领的氏族文化。随着父系制度逐渐代替了母系制度,社会上又出现了"氏"。汉代司马迁写《史记》,才把姓与氏统一起来称为"姓氏",一直沿用到现在。

三、阅读指南针

《百家姓》与《三字经》《千字文》并称"三百千",是中国传统启蒙教材,在中国古代经典当中,是最浅显易懂的读本之一。它们取材典范,包括中国传统文化的文学、历史、哲学、天文地理、人伦义理、忠孝节义等,而核心思想又包括了"仁、义、诚、敬、孝"。学习"三百千",了解常识、传统国学及历史故事,以及故事内涵中的做人做事道理。

【阅读推荐】《三字经》《千字文》。

四、收获盘点

用几句话写下阅读《三字经》或《千字文》感悟。

自我评价:☆☆☆☆☆

他人评价:☆☆☆☆☆

【课程总结】

博学,就是广泛学习,立足提高自我,博采众长,兼收并蓄,全面发展。《百家姓》和《千字文》历来就是我国传统文化教育中的经典必读必背著作。从这个入手,可以说是培养民族情感的一个很好的切入点,或者说,从学生的个人角度来说,是增强文化认同感的一种教育方法,这个着眼点是值得认可和提倡的。

【改进建议】

(1)不足的地方在于,课后的学习建议似乎是没有;对课堂教学效果的检测也没有提到。

(2)关于中国传统文化的启蒙教育,是古代一项重要的教育内容。在早期的启蒙教育中,启蒙教育的仪式感还是有一定特色的,对我们现在的教育也有一定的借鉴意义。这需要教学实施者有意识地总结,把依然适用于现在的一些启蒙教育的方法借用和转化过来。在形式上可以以现代教育的方式来呈现。例如,一些老师和学生之间关于启蒙的基本礼节,等等。

❋ 第6课 最适合孩子阅读的书籍——儿童文学

【学习任务包】

(1)认识儿童文学是最适合儿童阅读的体裁,促进学生个性化阅读兴趣的培养。

(2)在儿童文学阅读中感受作品的人文魅力,体悟作品的生命诠释,寻找自己、遇见自己,把自己的人生故事和作品互动交流。在交流中,逐渐调整自己原有的一些价值观、人生观,更新自己的一些知识、观点。

(3)阅读推荐的优秀儿童文学书目,激发学生的阅读兴趣,提高学生的阅读能力,培养学生的写作水平。

【教学过程】

一、学习资料袋

儿童文学简介:专为少年儿童创作的文学作品。儿童文学特别要求通俗易懂,生动活泼。不仅要求作品的主题明确突出,形象具体鲜明,结构单纯,语言浅显精练,情节有趣,想象丰富,还要求内容、形式及表现手法都尽可能适合于少年儿童的生理心理特点,为他们所喜闻乐见。体裁有儿歌、儿童诗、童话、寓言、儿童故事、儿童小说、儿童散文、儿童曲艺、儿童戏剧、儿童影视和儿童科学文艺等。中国现代儿童文学的奠基之作是叶圣陶创作、发表于20世纪20年代初的童话《稻草人》和稍晚几年问世的冰心的书信体儿童散文《寄小读者》。

二、经典赏析

叶圣陶《稻草人》节选

田野里白天的风景和情形,有诗人把它写成美妙的诗,有画家把它画成生动的画。到了夜间,诗人喝了酒,有些醉了;画家呢,正在抱着精致的乐器低低地唱:都没有工夫到田野里来。那么,还有谁把田野里夜间的风景和情形告诉人们呢? 有,还有,就是稻草人。

基督教里的人说,人是上帝亲手造的。且不问这句话对不对,咱们可以套一句说,稻草人是农人亲手造的。他的骨架子是竹园里的细竹枝,他的肌肉、皮肤是隔年的黄稻草。破竹篮子、残荷叶都可以做他的帽子;帽子下面的脸平板板的,分不清哪里是鼻子,哪里是眼睛。他的手没有手指,却拿着一把破扇子——其实也不能算拿,不过用线拴住扇柄,挂在手上罢了。他的骨架子长得很,脚底下还有一段,农人把这一段插在田地中间的泥土里,他就整天整夜站在那里了。

稻草人非常尽责任。要是拿牛跟他比,牛比他懒怠多了,有时躺在地上,抬起头看天。要是拿狗跟他比,狗比他顽皮多了,有时到处乱跑,累得主人四外去找寻。他从来不嫌烦,像牛那样躺着看天;也从来不贪玩,像狗那样到处乱跑。他安安静静地看着田地,手里的扇子轻轻摇动,赶走那些飞来的小雀,他们是来吃新结的稻穗的。他不吃饭,也不睡觉,就是坐下歇一歇也不肯,总是直挺挺地站在那里。

这是当然的,田野里夜间的风景和情形,只有稻草人知道得最清楚,也知道得最多。他知道露水怎么样洒在草叶上,露水的味道怎么样香甜;他知道星星怎么样眨眼,月亮怎么样笑;他知道夜间的田野怎么样沉静,花草树木怎么样酣睡;他知道小虫们怎么样你找我、我找你,蝴蝶们怎么样恋爱:总之,夜间的一切他都知道得清清楚楚。

三、学习导航仪

(1)你读过哪些儿童文学作品?最喜欢哪个儿童文学作家?哪部儿童文学作品的人物形象给你留下最深刻的印象?你为什么喜欢他,说一说,与大家一同分享。

(2)以小组为单位,向同学们推荐你认为最值得阅读的一本儿童文学作品,并说一说你推荐的理由。

(3)认真阅读本课《稻草人》节选片段,想一想,稻草人为主人做了哪些努力?有效吗?用一个成语概括这种情况,表现了作者怎样的思想感情?

稻草人的寓意:

(一)稻草扎的人,比喻无实际本领或力量的人。

(二)指代现实生活中一种默默无闻而无私奉献,平平凡凡却又不平凡的人。

四、阅读指南针

冰心《小橘灯》节选

我轻轻地叩着板门,刚才那个小姑娘出来开了门。抬头看见我,先愣了一下,后来就微笑了,招手叫我进去。这屋子很小很黑,靠墙的板铺上,她的妈妈闭着眼平躺着,大约是睡着了,被头上有斑斑的血痕,她的脸向里倒着,只看见她脸上的乱发和脑后的一个大髻。

门边一个小炭炉,上面放着一个小砂锅,微微地冒着热气。这小姑娘让我坐在炉前的小凳子上,她自己就蹲在我旁边,不住地打量我。我轻轻地问:"大夫来过了吗?"她说:"来过了,给妈妈打了一针……她现在很好。"她又像安慰我似的说:"你放心,大夫明早还要来的。"我问:"她吃过东西吗?这锅里是什么?"她笑着说:"红薯稀饭——我们的年夜饭。"我想起了我带来的橘子,就拿出来放在床边的小矮桌上。她没有作声,只伸手拿过一个最大的橘子来,用小刀削去上面的一段皮,又用两只手把底下的一大半轻轻地揉捏着。

我低声问:"你家还有什么人?"她说:"现在没有什么人,我爸爸到外面去了……"她没有说下去,只慢慢地从橘皮里掏出一瓣一瓣的橘瓣来,放在她妈妈的枕头边。炉火的微光渐渐地暗了下去,外面变黑了。我站起来要走,她拉住我,一面极其敏捷地拿过穿着麻线的大针,把那小橘碗四周相对地穿起来,像一个小筐似的,用一根小竹棍挑着,又从窗台上拿了一段短短的蜡头,放在里面点起来,递给我说:"天黑了,路滑,这盏小橘灯照你上山吧!"

我赞赏地接过来,谢了她。她送我到门外,我不知道说什么好,她又像安慰我似的说:"不久,我爸爸一定会回来的。那时我妈妈就会好了。"她用小手在面前画一个圆圈,最后接到我的手上:"我们大家也都好了!"显然地,这"大家"也包括我在内。

我提着这灵巧的小橘灯,慢慢地在黑暗潮湿的山路上走着。这朦胧的橘红的光,实在照不了多远,但这小姑娘的镇定、勇敢、乐观的精神鼓舞了我,我似乎觉得眼前有无限光明!

我的朋友已经回来了,看见我提着小橘灯,便问我从哪里来。我说:"从……从王春林家来。"她惊异地说:"王春林,那个木匠,你怎么认得他?去年山下医学院里有几个学生,被当作共产党抓走了,以后王春林也失踪了,据说他常替那些学生送信……"

当夜,我就离开了山村,再也没有听见那小姑娘和她母亲的消息。

但是从那时候起,每逢春节,我就想起那盏小橘灯。

12年过去了,那小姑娘的爸爸一定早回来了。她妈妈也一定好了吧?因为我们"大家"都"好"了!

五、收获盘点

用几句话写下自己的阅读感悟。

六、阅读推荐

叶圣陶、冰心、杨红樱、曹文轩、沈石溪等文学作品。

自我评价:☆☆☆☆☆

他人评价:☆☆☆☆☆

【课程总结】

这个主题选择得很好。对儿童文学的重视是学校教学应有的博学内容,这也是对课堂教学的有益补充和拓展。学生在小学阶段,已经可以逐渐独立进行阅读了,所以,从儿童文学中汲取营养也是达成博学教学目标的一个很好的途径。

【改进建议】

(1)以营建书香校园为总体目标,在学校里形成制度化的阅读引导和指导机制,这是一项长期而重要的工作。

(2)建立学校和家庭之间的阅读计划的衔接机制,培养学生良好的阅读习惯,一旦这样的习惯最终形成,它将会伴随学生一生,学生必将受益无穷。

(3)以儿童文学为主题进行阅读,根据教育部的阅读指导文件来确定小学生的必读书和选读书,一本一本的积累,对于小学六年来说,可以预见有一个很理想的阅读效果的出现。

❋ 第 10 课　朱熹——理学集大成者

【学习任务包】

(1)了解朱熹的主要成就。

(2)了解朱熹为学、为人及处事的方法,养成良好的学习习惯。

(3)阅读朱熹经典诗词,拓宽阅读视野。

【教学过程】

一、学习资料袋

【朱熹简介】朱熹(1130—1200),字元晦,又字仲晦,号晦庵,晚称晦翁,谥文,世称朱文公。祖籍江南东路徽州府婺源县(今江西省婺源),出生于南剑州尤溪(今属福建省尤溪县)。宋朝著名的理学家、思想家、哲学家、教育家、诗人,闽学派的代表人物,儒学集大成者,世尊称为朱子。朱熹是唯一非孔子亲传弟子而享祀孔庙,位列大成殿十二哲者之中。

二、经典赏析

朱熹经典语录

问渠那得清如许? 为有源头活水来。

读书之法,在循序而渐进,熟读而精思。

勿谓今日不学而有来日,勿谓今年不学而有来年。日月逝矣,岁不我延。

百学须先立志。

胸怀坦荡,正大光明。

嘉赏未尝喜,抑挫未尝惧。

人之作孽,莫甚于口;言语尖刻,必为人忌。

日省其身,有则改之,无则加勉。

黎明即起,洒扫庭除,要内外整洁。既昏便息,关锁门户,必亲自检点。一粥一饭,当思来处不易。半丝半缕,恒念物力维艰。宜未雨而绸缪,毋临渴而掘井。自奉必须俭约,宴客切勿留连。器具质而洁,瓦缶胜金玉。饮食约而精,园蔬胜珍馐。勿营华屋,勿谋良田。

家门和顺,虽饔飧不继,亦有余欢。国课早完,即囊橐无余,自得至乐。读书志在圣贤,为官心存君国。守分安命,顺时听天。为人若此,庶乎近焉。

读书,始读,未知有疑;其次,则渐渐有疑;中则节节是疑。过了这一番,疑渐渐释,以至融会贯通,都无所疑,方始是学。

读书有三到,谓心到、眼到、口到。心不在此,则眼看不仔细,心眼既不专一,却只漫浪诵读,决不能记,记亦不能久也。三到之中,心到最急,心既到矣,眼口岂不到乎?

三、学习导航仪

(1)你听说过朱熹小时候的故事吗? 与同学们讲一讲。

(2)查阅资料,了解朱熹的主要成就,简要了解理学,想一想,他为什么会被世人尊称为"朱子"?

（3）你知道朱熹诗词中哪些是有关学习的？哪些是有关为人处世的？

理学又称道学，是以研究儒家经典的义理为宗旨的学说，即所谓义理之学。理是伦理道德的基本准则。朱熹又称理为太极，是天地万物之理的总体，即总万理的那个理。"太极只是一个理字。"太极既包括万物之理，万物便可分别体现整个太极。这便是人人有一太极，物物有一太极。每一个人和物都以抽象的理作为它存在的根据，每一个人和物都具有完整的理，即理一分殊。理在社会中表现为"三纲五常"，是每一个人都必须遵循的"天理"。理学的另一个核心是认识论，即格物致知论，"格物"主要是指探究事物，穷极事物之理，是由外而内的一种认知过程；"穷理"就是要做到对事物的道理知无不尽、无所不知，是由内而外的一种认知过程。格物致知是一个逐渐累积的过程。只有用力之久，方有可能"豁然贯通"，这就强调了知识的累积和顿悟的重要性。朱熹主张"由博反约"，博观而约取，即在博学的基础上掌握知识的规律性。他还强调"严密理会，铢分毫析"以及"推类以通之"等方法，这些都牵涉到逻辑分析的方法问题。在知与行的问题上，朱熹强调"论先后，知为先；论轻重，行为重"。他虽然肯定先验知识的存在，但又强调了实践的重要性。"知之愈明，则行之愈笃；行之愈笃，则知之益明。"

四、阅读指南针

朱子读书法

"朱子读书法"共六条，即循序渐进、熟读精思、虚心涵泳、切己体察、着紧用力、居敬持志。这是由朱熹的弟子对朱熹读书法所做的集中概括。其中，循序渐进包括三层意思：一是读书应该按照一定次序，前后不要颠倒；二是"量力所至而谨守之"；三是不可囫囵吞枣，急于求成。熟读精思即读书既要熟读成诵，又要精于思考。虚心涵泳中的"虚心"，是指读书时要反复咀嚼，细心玩味。切己体察强调读书必须要见之于自己的实际行动，要身体力行。着紧用力包含两方面的意义：一是读书必须抓紧时间，发愤忘食，反对悠悠然；二是必须精神抖擞，勇猛奋发，反对松松垮垮。居敬持志中的"居敬"，强调读书必须精神专注，注意力高度集中；所谓"持志"，就是要树立远大志向，并以顽强的毅力长期坚守。

五、收获盘点
用几句话写下自己的阅读感悟。

六、阅读推荐

《朱子家训》《童蒙须知》。

自我评价:☆☆☆☆☆

他人评价:☆☆☆☆☆

【课程总结】

尤溪是朱熹的诞生地。"高山仰止,景行行止。虽不能至,然心向往之。"诵读经典本身就是向圣贤致敬和学习。本节内容的选取是到位的。

【改进建议】

(1)作为基础介绍,本节内容已经完成了对朱熹的基本介绍。因为有一个潜在的文化和地域的认可感,希望在教学之中和教学之后,能对朱熹认识更为具体化。比如,可以将朱子读书法作为学校学生必知必学的内容,创造和营造多种形式和范围,让学生不仅从知识上去了解,更能在自己的学习中使用和应用。这也是博学的教学目标之一,学以致用才能为我所用。

(2)在"学习导航仪"这个环节对朱熹理学的介绍太过生涩,不符合小学生的认知和理解能力,应该删去。

(3)在学习材料的选择上,可以将孔子的内容适当加入,让小学生对儒学有个基本的认识,至少从名人的认识上有个大体的了解。

(二)润君教育校本课程——才艺篇(以陶笛校本课程教案为例)

1.课程目标

我国的陶笛根植于几千年丰厚的民族文化土壤之中,是"土与火"原始物质的完美结合,更是"古与今"的音乐对话。陶笛是华夏先民共创的成果。

增进学生对现实生活背景下的民族艺术文化的认识和理解,增进对民族音乐各种表现形式的认识与理解。在体会音乐带来无穷魅力的同时,引导学生学习音乐的方法与手段。

拓展音乐知识领域,提高阶段性综合素质,发展学生的创新精神和实践能力,养成良好的艺术品质,从而提升个人的艺术修养,在总结音乐课程的学习方法的同时,用较有艺术涵养的思维去思考与学习。

2.内容设计

本板块分两个部分,共 12 个课时。从理论知识的讲授和歌曲的训练两个方面为学生提供了系统而完整的教学案例。

3.目录设计

(1)技巧篇

第 1 课　了解陶笛

第 2 课　陶笛的吹奏姿势及方法

第 3 课　吹响陶笛

第 4 课　陶笛技巧之吐音练习

第 5 课　滑音

第 6 课　倚音

第 7 课　波音

第 8 课　长音

第 9 课　气振音

(2)歌曲篇

第 10 课　歌曲《小星星》

第 11 课　歌曲《希望》

第 12 课　歌曲《故乡的原风景》

4.教学经验

陶笛教学集聚着民族艺术文化的精华和结晶。对学生进行陶笛教学,可以充分地挖掘与体现我国陶笛教学自身的内在文化价值。器乐文化是人类文化传承的重要载体,是人类宝贵的文化遗产和智慧结晶。随着现代社会生活的发展,同样面临着各种机遇和挑战。充满竞争性的现代社会生活,日益转变的审美价值观都无形地对陶笛教学表演形式提出了更高的要求。在陶笛教学课程的教育活动中,既要继承传统,又要鼓励创新;既要关注传承,又要注重发展。

5.课例评介

以第 3 课为例。

❋ 第 3 课　吹响陶笛

【任务目标】

(1)吹响陶笛。

(2)吹出正确的声音。

(3)通过练习正确地掌握陶笛的吹奏方法。

【教学过程】

一、吹响陶笛

按照上节课的方法正确持笛按孔后,我们就可以试吹陶笛啦!陶笛吹奏相对于箫、竹笛等其他乐器来说更简单一些,许多孩子一拿到手就吹,但往往事与愿违,这样反而吹不好,所以拿到陶笛的孩子们应严格掌握前两节的内容,严格按以下步骤来吹奏。

(1)确保挂好陶笛;

(2)按正确的方法持笛按孔,检查音孔是否按严;

(3)双臂自然张开 45°持笛;

(4)保持以上步骤让吹嘴放松下来;

(5)将吹嘴含入嘴巴,含入部分保持在 3 毫米左右。

二、吹出正确的声音

很多初学者都是拿着陶笛就吹,没有掌握正确的吹奏方法,吹出来的音含糊不清。舌头在陶笛吹奏中有着非常重要的作用,吹奏陶笛时,音头用吐奏(轻吐)将舌头轻轻地吐一下,舌头作"TU"音(音:吐,用 T 表示)。初学者一般会用呼来吹气,这样吹出的音就会软弱无力,再者就是不要鼓腮,这样会影响到气息的运用,还会造成吹相不雅。

(一)呼吸法的运用

主要有胸腔呼吸法和腹式呼吸法。吹奏管乐器一般都用腹式呼吸法,就是我们常说的丹田吸气。

(二)运舌法的练习

吹奏管乐器时非常忌讳"呼噜呼噜"没有运舌的吹奏。

在吹气送入陶笛里面时,舌头要点舌(运舌)。舌尖点触口腔软腭或是齿背。如发出(TU)或是(DU)的方式运舌吹奏,方能使吹奏出的音色更为饱满扎实。切勿使用(FU)的方式吹奏,易造成音色的松散。

(三)吹气量的练习

吹奏陶笛的每一个音时在气量与力度上也都不同。

吹奏越高音时气量越多而力度也要增强;反之,吹奏越低音时气量越少越沉而力度也要减弱。

初学陶笛时常犯的错误为吹奏高音时力度与气量不足,造成音准偏低。而在吹奏低音时却又用力过猛与气量过多,造成音准偏高甚至是筒音音色不佳。

三、课后小练习

试着吹奏 C 调音阶"5"。

四、练习提示

(1)正确持笛按孔、吹前检查有无漏气,保持笛身平稳;

(2)"T"为吐音记号,表示此音要"吐"奏;

(3)"V"为换气记号,表示此处换气,注意换气时的迅速、不耸肩。

【课程总结】

本节课任务目标明确,能深入浅出地讲解陶笛的发声原理,并能以准确的示范引导学生进行训练,体现出教学实施者的专业能力和教学能力。

(三)润君教育校本课程——科技篇之航模教学设计

1.课程目标

在基础教育阶段,组织开展生动活泼、健康益智的课外活动,是学校教育的重要组成部分,是全面推进素质教育的重要手段之一。《国务院关于基础教育改革与发展的决定》指出,"要减轻中小学生过重的课业负担,尊重学生人格,遵循学生身心发展规律,保证中小学生身心健康成长","要丰富学生课余生活,组织好学生课外活动"。丰富多彩的课外活动是中小学德育教育的重要载体。课堂教育与课外活动紧密结合,对激发学生的创新精神、培养学生的实践能力尤为重要,所以说,以航模活动为代表的课外活动将为学生全面发展和终身发展奠定坚实的基础。航模活动有丰富的趣味,深受青少年喜爱。通过此项活动能使青少年了解许多材料的性能,掌握工具的使用方法和完成成品的工艺过程,培养青少年动脑动手和克服困难勇于进取的品质,航模活动最能充分展现青少年的才能和想象力,提供开发智力和能力的良好机会。航空模型也是一项运动竞赛项目,我国由体委行政部门(各级体育运动委员会)负责管理。国家体委颁布了统一的航空模型竞赛规则和创纪录飞行规则,制定了相对稳定的竞赛制度,每年举行一次全国青少年航空模型比赛,每两年举行一次由基层单位直接参加的"飞向北京"全国青少年航空模型比赛。国家颁布了等级运动员制度,鼓励航模运动员不断努力进取,攀登航模竞技高峰;还相应制定了裁判员、教练员和社会指导员的等级制度。航空模型还是一项国际性竞赛项目,它受到世界各国,尤其是发达国家的普遍重视,这是因为航空模型与航空事业的发展息息相关。

激发青少年对航空知识的兴趣,以使一些具备条件的爱好者走上献身祖国航空事业的道路,航空模型活动的开展具有广泛性,航模人才将成为国家培养航空人才的后备军。航空模型是飞机的先驱,是航空技术有力的认知工具,是飞机设计师诞生的摇篮,更是我们这个新时代一种高尚的文化品位。

2.内容设计

本板块分为12个课时,系统而完整地介绍了航模的知识,并针对小学生的特点进行了专题的研究和教案的撰写。

3.目录设计

第 1 课　模型基础知识介绍(一)

第 2 课　模型基础知识介绍(二)

第 3 课　模型基础知识介绍(三)

第 4 课　航模飞机制作(一)

第 5 课　航模飞机制作(二)

第 6 课　航模飞机制作(三)

第 7 课　泡沫"初级橡筋"飞机(一)

第 8 课　泡沫"初级橡筋"飞机(二)

第 9 课　试飞与调整

第 10 课　飞机飞行测试

第 11 课　《航模制作》基础知识巩固

第 12 课　爱国逐梦

4.教学经验

"君子生非异也,善假于物也。"这句话出自荀子《劝学》,讲的是学习的一种方法,意思是君子的本性和其他人并没有什么不同,只不过是善于利用和借助客观工具罢了。君子应自强不息,不断学习应用,科技兴国,航空航天更是科技中的巅峰,航模是这科技巅峰的缩影。

　　航模活动是很多航模爱好者和广大青少年学生喜欢参加的课外活动。这不仅是学生的年龄层次决定的,更重要的是航模活动集科技性、知识性、趣味性、竞技性、实践性等优点于一身,对锻炼青少年动手动脑能力,促进全面素质的提高,有着十分积极的作用。

5.课例评介

以第 1 课为例。

❋ 第 1 课　模型基础知识介绍(一)

【学习目标】

　　(1)巩固航空模型的基础知识,了解开展航空模型活动的作用及一些常用术语;

　　(2)丰富航模知识,激发学习兴趣,增强参与意识。

【活动准备】

　　学生准备材料:课前搜集的关于航模的相关资料(资料可以做成 PPT 进行展讲)。

　　教师准备材料:模型的资料及机身各个部分的功能作用。

　　重点:了解航模基础知识,培养兴趣。

　　难点:常用术语在航模制作中的作用。

　　教学材料:航空模型。

【活动过程】

　　一、什么叫航空模型

　　国际航联制定的竞赛规则里明确规定"航空模型是一种重于空气的,有尺寸限制的,带有或不带有发动机的,不能载人的航空器"。其技术要求是:最大飞行重量同燃料在内为 5 千克;最大升力面积为 150 平方分米;最大的翼载荷为 100 克/分米^2;活塞式发动机最大工作容积为 10 毫升。

　　(一)什么叫飞机模型

　　一般认为不能飞行的,以某种飞机的实际尺寸按一定比例制作的模型叫飞机模型。

　　(二)什么叫模型飞机

　　一般称能在空中飞行的模型为模型飞机,也叫航空模型。

二、开展航空模型活动的作用

航空模型是各种航空器模型的总称,包括模型飞机和其他模型飞行器。

航空模型活动从一开始起就引起了人们浓厚的兴趣,而且千百年来长盛不衰.主要原因就在于它在航空事业的发展和科技人才的培养方面起着十分重要的作用。

人类自古以来就幻想着飞行。昆虫、鸟禽、风吹起树叶和上升的炊烟,都曾引起过人类飞行的遐想。西汉刘安在《淮南子》中记载着后羿的妻子嫦娥偷食了长生药而飞上月宫的美妙故事,这反映了古人对飞行的追求和向往。在载人航空器出现之前,人类就研制了许多能飞的航空模型,不断地探索着飞行的奥秘。距今两千多年前的春秋战国时期,我们的祖先就制作出了能飞的木鸟模型。《韩非子》记载着:"墨子为木鸢,三年而成,蜚一日而败。"宋朝李昉等人编的《太平御览》中也有"张衡尝作木鸟,假以羽翮,腹中施机,能飞数里"的记载。另外,还制作出了种类繁多的孔明灯、风筝和竹蜻蜓等。唐代以后,我国的风筝传到国外,在世界上流传开来。西方有人用风筝做飞行试验,探索制造飞机的可能。美国的莱特兄弟是世界上第一架飞机的制造者,他们的飞机在 1908 年 12 月 17 日试飞成功。他们就是先用大风筝进行各种测试,然后制造出滑翔机,解决了升降、平衡、转弯等问题,最后才把飞机制造成功的。在飞机发明之前,航空模型具有强烈的探索性质,在飞机发明之后,航空模型仍然是研究航空科学的必要工具。每一种新飞机的试制,都要先在风洞里用模型进行试验,甚至连航天飞机这样先进的航天器,也要经过模型试验阶段,取得必要的数据,才能获得成功。

三、模型飞机的组成

模型飞机一般与载人飞机一样,主要由机翼、尾翼、机身、起落架和发动机五部分组成。

（一）机翼

机翼是使模型飞机在飞行时产生升力的装置,并能保持模型飞机飞行时的横侧安定。

（二）尾翼

尾翼包括水平尾翼和垂直尾翼两部分。水平尾翼可保持模型飞机飞行时的俯仰安定,垂直尾翼则保持模型飞机飞行时的方向安定。水平尾翼上的升降舵能控制模型飞机的升降,垂直尾翼上的方向舵可控制模型飞机的飞行方向。

（三）机身

机身将模型的各部分联结成一个整体的主干部分，同时机身内可以装载必要的控制机件、设备和燃料等。

（四）起落架

起落架指供模型飞机起飞、着陆和停放的装置。前部一个起落架，后面两面三个起落架叫前三点式；前部两面三个起落架，后面一个起落架叫后三点式。

（五）发动机

发动机是模型飞机产生飞行动力的装置。模型飞机常用的动力装置有：橡筋束、活塞式发动机、喷气式发动机、电动机。

四、航空模型技术常用术语

（一）翼展

翼展指机翼（尾翼）左右翼尖间的直线距离。（穿过机身部分也计算在内）

（二）机身全长

机身全长指模型飞机最前端到最末端的直线距离。

（三）重心

模型飞机各部分重力的合力作用点称为重心。

（四）翼型

翼型指机翼或尾翼的横剖面形状。

（五）翼弦

翼弦指前后缘之间的连线。

（六）展弦比

展弦比指翼展与平均翼弦长度的比值。展弦比大说明机翼狭长。

五、关于航模的一些基本问题

（一）升力和阻力

飞机和模型飞机之所以能飞起来，是因为机翼的升力克服了重力。机翼的升力是机翼上下空气压力差形成的。当模型在空中飞行时，机翼上表面的空气流速加快，压强减小；机翼下表面的空气流速减慢，压强加大（伯努利定律）。这是造成机翼上下压力差的原因。机翼上下流速变化的原因有两个：①不对称的翼型；②机翼和相对气流有迎角。翼型是机翼剖面的形状。机翼剖面多为不对称形，如下弧平直上弧向上弯曲（平凸型）和上下弧都向上弯曲(凹凸型)。对称翼型则必须有一定的迎角才产生升力。升力的大小主要取决于四个因素:①升力与机翼面积成正比;②升力和飞机速度的平方成正比。同样条件下,飞行速度越快升力越大;③升力与翼型有关,通常不对称翼型机翼的升力较大;④升力与迎角有关,小迎角时升力(系数)随迎角直线增长,到一定界限后迎角增大升力反而急速减小,这个分界叫临界迎角。机翼和水平尾翼除产生升力外也产生阻力,其他部件一般只产生阻力。

(二)平飞

水平匀速直线飞行叫平飞。平飞是最基本的飞行姿态。维持平飞的条件是:升力等于重力,拉力等于阻力。由于升力、阻力都和飞行速度有关,一架原来平飞中的模型如果增大了马力,拉力就会大于阻力使飞行速度加快。飞行速度加快后,升力随之增大,升力大于重力模型将逐渐爬升。为了使模型在较大马力和飞行速度下仍保持平飞,就必须相应减小迎角。反之,为了使模型在较小马力和速度条件下维持平飞,就必须相应加大迎角,所以操纵(调整)模型到平飞状态,实质上是发动机马力和飞行迎角的正确匹配。

(三)爬升

前面提到了模型平飞时如加大马力就转为爬升的情况。爬升轨迹与水平面形成的夹角叫爬升角。一定马力在一定爬升角条件下可能达到新的力平衡,模型进入稳定爬升状态(速度和爬角都保持不变)。稳定爬升的具体条件是:拉力等于阻力加重力向后的分力($F = X + G\sin\theta$);升力等于重力的另一分力($Y = G\cos\theta$)。爬升时一部分重力由拉力负担,所以需要较大的拉力,升力的负担反而减少了。和平飞相似,为了保持一定爬升角条件下的稳定爬升,也需要马力和迎角的恰当匹配。打破了这种匹配将不能保持稳定爬升。例如马力增大将引起速度增大,升力增大,使爬升角增大。但马力太大,将使爬升角不断增大,模型沿弧形轨迹爬升,这就是常见的拉翻现象。

(四)滑翔

滑翔是没有动力的飞行。滑翔时,模型的阻力由重力的分力平衡,所以滑翔只能沿斜线向下飞行。滑翔轨迹与水平面的夹角叫滑翔角。稳定滑翔(滑翔角、滑翔速度均保持不变)的条件是:阻力等于重力的向前分力($X = G\sin\theta$);升力等于重力的另一分力($Y = G\cos\theta$)。滑翔角是滑翔性能的重要方面。滑翔角越小,在同一高度的滑翔距离越远。滑翔距离(L)与下降高度(h)的比值叫滑翔比(k),滑翔比等于滑翔角的余切滑翔比,等于模型升力与阻力之比(升阻比)。$Ctan\theta = L/h = k$。滑翔速度是滑翔性能的另一个重要方面。模型升力系数越大,滑翔速度越小;模型翼载荷越大,滑翔速度越大。

调整某一架模型飞机时,主要用升降调整片和重心前后移动来改变机翼迎角以达到改变滑翔状态的目的。

说一说:你还有什么疑问?

想一想:今天你有什么收获?

【课程总结】

由于具有较强的专业性,本节课在目标设置和内容选材上下了很大的工夫,也体现出了作为一个科技教育工作者的视野、能力和水平。

【改进建议】

本课时,或者是本板块校本课程的难点在于如何将比较深奥的科学知识以浅显易懂的方式传授给小学生,并进而在实操层面上有实际的效果。建议在实施授课的时候,以"问题+方法"的形式来进行教学。在传授小学生科学知识的同时,开启小学生对科学知识的兴趣之门。

(四)润君教育校本课程——科技篇之玩转机器人教学案例和资源

1.课程目标

机器人作为科技领域的杰出成果,是高级控制论、机械电子、计算机、材料和仿生学等学科的综合实践产物。通过乐高机器人元件,将大型机器人项目小型化、学校化,通过这种具有综合能力的全新教学平台,提高学生的综合实践学习能力。在这个过程中,学生会学习并运用到工程(设计、搭建和测试方案)、技术(使用动手工具和电子媒体,探索、解释和表达概念)、计算机科学(算法设计、编程系统、以监控事件的发生)、科学(预测、收集和分析数据)、数学(测量、计算、画图并解释数据)等。

2.内容设计

本板块分为12个课时,系统而完整地介绍了机器人制作的知识,并针对小学生的特点进行了专题研究。

3.教学经验

作为我校课程选修模块简易机器人制作课程的学生教材使用,可以说也是一本关于乐高机器人的入门级读物。内容选择上,尽可能涉及乐高机器人各个方面的最基础知识,同时在文字表达上更注重贴近学生的认知水平,争取把乐高机器人中最有用的知识展示给学生,避免学生感到高深、枯燥,以此来达到开设这门校本课程的最终目的:激发广大学生对机器人的强烈学习兴趣,并选拔参加机器人竞赛的优秀队员。

4.课例评介

以第一章第一节为例。

❊ 第一章　关于机器人

第一节　机器人简介

一、什么是机器人

我们的生活当中存在着诸多功能的机器人,它们的外表并不限于人的形状,如家居扫地机器人、室内自动温控系统、生产流水线上的机器装配手,学校中的自动打铃系统、电话答录机等,都可以称为机器人。

机器人(Robot)是自动执行工作的机器装置。它既可以接受人类指挥,又可以运行预先编排的程序,也可以根据以人工智能技术制定的原则纲领行动。机器人能够代替人类完成重复乏味或者危险的工作,提高人们的生活品质和工作效率。它是高级整合控制论、机械电子、计算机、材料和仿生学的产物,在工业、医学、农业、建筑业甚至军事等领域中均有重要用途。

国际上对机器人的概念已经趋近一致。一般来说,人们都可以接受这种说法,即机器人是靠自身动力和控制能力来实现各种功能的一种机器。国际标准化组织采纳了美国机器人工业协会给机器人下的定义:"一种可编程和多功能的操作机;或是为了执行不同的任务而具有可用电脑改变和可编程动作的专门系统。"

二、机器人的分类

中国的机器人专家从应用环境出发,将机器人分为两大类,即工业机器人和特种机器人。所谓工业机器人就是面向工业领域的多关节机械手或多自由度机器人。而特种机器人则是除工业机器人之外的、用于非制造业并服务于人类的各种先进机器人,包括服务机器人、水下机器人、娱乐机器人、军用机器人、农业机器人、机器人化机器等。在特种机器人中,有些分支发展很快,有独立成体系的趋势,如服务机器人、水下机器人、军用机器人、微操作机器人等。国际上的机器人学者,从应用环境出发将机器人分为两类——制造环境下的工业机器人和非制造环境下的服务与仿人型机器人,这和中国的分类是一致的。

(一)家务型

能帮助人们打理生活,做简单的家务。

(二)操作型

能自动控制,可重复编程,多功能,有几个自由度,可固定或运动,用于相关自动化系统中。

(三)程控型

按照预先要求的顺序及条件,依次控制机器人的机械动作。

(四)数控型

不必使机器人动作,通过数值、语言等对机器人进行示教,机器人根据示教后的信息进行作业。

(五)搜救型

在大型灾难后,能进入人进入不了的废墟中,用红外线扫描废墟中的景象,把信息传送给在外面的搜救人员。

(六)示教再现型

通过引导或其他方式,先教会机器人动作,输入工作程序,机器人则自动重复进行作业。

(七)感觉控制型

利用传感器获取的信息控制机器人的动作。

(八)适应控制型

能适应环境的变化,控制其自身的行动。

(九)学习控制型

能"体会"工作的经验,具有一定的学习功能,并将所"学"的经验用于工作中。

(十)智能型

以人工智能决定其行动的机器人。

三、机器人三原则

阿西莫夫提出了机器人三原则:

(1)机器人不得危害人类。

(2)机器人应遵守人类的命令,与第一条违背的命令除外。

(3)机器人应能保护自己,与第一条相抵触者除外。

四、机器人的性能评价

机器人的性能评价包括：智能，指感觉和感知，包括记忆、运算、比较、鉴别、判断、决策、学习和逻辑推理等；机能，指变通性、通用性或空间占有性等；物理能，指力、速度、连续运行能力、可靠性、连用性、寿命等。

【课程总结】

科技改变生活。科技的影响力无处不在。在小学生的认知阶段，兴趣是最好的老师。本节内容深入浅出地讲述了关于机器人的基础知识，使高深而枯燥的科学知识，在小学生可以理解的范围内，最大限度地展现出了科学的魅力，很好地培养了小学生对科技知识的兴趣，并激发了探索的精神。

【改进建议】

本板块的内容设计和教学方法与航模板块有很多相同的地方。改进建议也基本相同或类似。需要补充的一点就是，多以实例来展示，同时多方位调动小学生的动手和动脑能力。

三、润君教育教学实现之君子之勇部分

（一）润君教育校本课程——励志篇

1.课程目标

古今中外，在君子的身上，都彰显着励志的品格。中国传统文化历来"尚志"，并把这看作人生事业取得成功的最重要因素之一。励志教育，既是传承优秀文化的需要，也是开创时代精神的呼唤。

君子品格中的励志，意为振作精神奋发志气，始终保持昂扬向上的精神状态去实现远大目标。励志课堂校本课程开发的根本目的在于"立人"，培养"有心人""有志者"，培养能为自己设立目标并不断战胜自我、超越自我、创造自我的人。

在课堂上，最重要的是触动学生的内心深处，用榜样的力量引导他们，而不是说教或夸夸其谈。教学过程中，特别注意让学生说出内心最真实的感受，这种氛围很重要，所以，要创设好每一节课的感悟。

根据学生的不同情况，目标分为低年段、中年段、高年段三个阶段。

（1）低年段

认识自我——触动学生的心灵，促进其内省。

通过阅读成长励志小故事,从中获取成长的道理。让学生更深入了解自己的优点,认识自我,接纳自我,建立自信心。

通过多种教学方式开展教学活动,如创设情景、做小游戏、讲故事和唱歌等,加深同学之间的互动。

让学生在快乐的旋律中培养自信,帮助学生形成乐观向上、充满自信的生活态度,以良好的心理状态去学习和生活。

(2)中年段

创造自我——激发学生的自信,鼓舞其自强。

通过身边榜样、国内外名人的励志故事,使学生学会自制、学会自助、学会学习、学会交往。

通过实践活动,帮助孩子树立自信,辨识自己的情绪,疏导学生的内心,助其自我调整。

让学生勇于展现自己的特长和魅力,发挥一己之长,为自己、为班级创造荣誉。

(3)高年段

超越自我——应该怎么做,选出学校名人、小达人。

帮助学生树立正确的挫折观,了解正确对待挫折的方式方法,并且能在今后的学习生活中正确对待挫折,微笑面对人生中的一切挫折。

学生在自我"励志"的基础上,助人"励志"。培养孩子的人际互动能力、乐观积极的态度。

帮助孩子发展负面情绪的管理技巧。激发学生积极向上的求知欲,从而树立远大的理想。

总之,借助励志故事、励志人物、励志活动中蕴含的不一样的大道理,激励我们前行,鼓舞我们不断努力,让我们在阅读的时候不知不觉被感染而充满力量,最终达成目标。

2.内容设计

(1)本板块的主题校本教材分为三大部分,共 12 个课时。每个部分又分为 4 个课时。多角度、多方面地规划和展示了润君教育励志篇的基本内容。

(2)针对每个课时,结合教学实际需要,在教学内容的设计上又细分了很多要点板块,比较合理地体现出教学目标和教学过程的相互作用和效果。

3.目录设计

(1)励志故事

第 1 课　拯救自己的"断箭"

第 2 课　昂起头来真美

第 3 课　行动是最好的孝顺

第 4 课　心中的顽石

(2)励志人物

第 5 课　起死回生的"书稿"

第 6 课　自己救自己

第 7 课　受辱发奋的牛顿

第 8 课　忘我也是成功的捷径

(3)励志活动

第 9 课　自尊自爱我需要

第 10 课　努力才会有收获

第 11 课　放飞梦想　飞得更高

第 12 课　挑战自我

4.教学经验

(1)本板块的润君教育的校本课程内容,难点在于教学选材的相关性和典型性。励志这个主题涵盖面很广,抓取重点并能为教学所用对教学实施者是一个考验。尤其是要抓住并提炼出对小学生有益有用的材料和观点,是很难得的。本板块的教学在这方面做了有益的尝试。

(2)这一板块的内容有一点是值得肯定的。本教材既可以作为教师用书,也可以作为学生读物,两者结合得还是不错的。

5.课例评介

以第 3 课、第 9 课和第 12 课为例。

❋ 第 3 课　行动是最好的孝顺

【学习任务包】

(1)通过阅读孝心类励志小故事《三个儿子》,提取百善孝为先的道理。

(2)学会与大家分享自己的感悟。

(3)通过学习,勇于实践,把道理落到实处。

【教学过程】

一、漫步故事园

认真阅读孝心类的励志小故事《三个儿子》。

三个儿子

从前,在一个城市里面住着一位富人。他有三个儿子:大儿子爱练武,不懂文;二儿子懂文,不懂武;三儿子什么都不懂,但很孝顺。

一天,父亲病故了,三个儿子悲痛万分。这时大儿子边哭边说:"父亲都死了,哭也没用,俺看,先分财产吧!""好!""武器就归俺,你们又拿不动。"大儿子边挑武器边说。二儿子咂咂嘴说:"我是学会计的,会花钱,所以珠宝就给我吧。"大儿子和二儿子基本上都把好的拿走了,只剩下一些书给三儿子。三儿子想了想,说:"父亲死了,母亲还活着,但母亲又不能自己住,是不是?"二儿子挠挠头,说:"让母亲在三个儿子家各住一个月,习惯了哪个,就住哪个!""好!"

第一个月,母亲来到大儿子家,大儿子让母亲扎马步,挑水。大儿子在厨房里偷偷吃肉,让母亲在客厅吃硬饼,母亲看了,就走了,去二儿子家了。

二儿子是个文人,但很狡诈,只给母亲喝比水还稀的粥,母亲想吃肉,二儿子说:"我家的肉比大哥家的硬饼还硬,您吃不动。"母亲不敢有怨言,离开了二儿子家。

母亲来到三儿子家,三儿子看到母亲比以前消瘦了许多,马上给母亲做了特别多的好吃的。从此,三儿子独自承担起了照顾母亲的任务,不仅在生活上悉心照料,还天天陪母亲聊天,给她讲书里的故事。母亲在三儿子家里生活得越来越开心,身体也越来越好,她逢人就夸自己的三儿子。三儿子面对别人的赞扬,只是笑笑,说:"母亲把我们养大,现在我所做的不及母亲养育我们的十分之一,没什么可夸的!"

这件事一传十十传百,传到了玉皇大帝和如来佛的耳朵里,他们派众神去迎接母亲和三儿子,把母亲授为吃苦耐劳佛,把三儿子授为孝顺神,从此三儿子孝顺母亲的美德就在人间流传开来。

二、边读边想

边读边想,思考下列问题:

(1)你身边有不孝顺父母的人吗?请举例说一说。

(2)如果你身边也有同学或伙伴不听父母的话,你会怎么劝?

三、畅所欲言

读完小故事你明白了什么?小组讨论并选出代表进行全班交流。

(1)百善孝为先。我们一定要孝顺长辈。

(2)父母养育我们不容易。

(3)滴水之恩当涌泉相报。

四、老师有话说

老师也想说一说：

从现在开始，做力所能及的家务事，好好学习，不让父母操心，用行动来孝顺父母。

五、课外链接

认真读读小故事《战胜挫折》，读后写下自己的感受。

战胜挫折

巴雷尼小时候因病成了残疾，母亲的心就像刀绞一样，但她还是强忍住自己的悲痛。她想，孩子现在最需要的是鼓励和帮助，而不是妈妈的眼泪。

母亲来到巴雷尼的病床前，拉着他的手说："孩子，妈妈相信你是个有志气的人，希望你能用自己的双腿，在人生的道路上勇敢地走下去！好巴雷尼，你能够答应妈妈吗？"母亲的话，像铁锤一样撞击着巴雷尼的心扉，他"哇"的一声，扑到母亲怀里大哭起来。

从那以后，妈妈只要一有空，就带巴雷尼练习走路、做体操，常常累得满头大汗。有一次妈妈得了重感冒，她想，做母亲的不仅要言传，还要身教。尽管发着高烧，她还是下床按计划带巴雷尼练习走路。黄豆般的汗水从妈妈脸上淌下来，她用干毛巾擦擦，咬紧牙，硬是帮巴雷尼完成了当天的锻炼计划。体育锻炼弥补了由于残疾给巴雷尼带来的不便。母亲的榜样作用，更是深深教育了巴雷尼，他终于经受住了命运给他的严酷打击。他刻苦学习，学习成绩一直在班上名列前茅。最后，以优异的成绩考进了维也纳大学医学院。大学毕业后，巴雷尼以全部精力，致力于耳科神经学的研究。

最后，终于登上了诺贝尔生理学或医学奖的领奖台……

六、老师悄悄话

挫折只是前进道路上小小的绊脚石，成功者是不会受到它的影响的。我们应不畏困难，继续前进。

七、励志名言

通向人类真正伟大境界的道路，只有一条——苦难的道路。

——爱因斯坦

自我评价：☆☆☆☆☆

他人评价:☆☆☆☆☆

【课程总结】

(1)本节课最大的特点在于,将关于润君教育的重点内容与对学生的思想品德教育做了有机的结合,循循善诱之中,把一个相对抽象的道理讲明白、讲透彻。

(2)实践是检验真理的唯一标准。对于小学生的认知水平而言,他们不可能一开始就真正懂得实践(或者说行动)的含义。鲜活的故事讲述再加上点石成金的教学引导,会让学生在潜意识里获得对本节课主题的认可。

【改进建议】

在事例的选择上,还有很大的发挥空间。诸如从现当代的感动中国的典型人物故事中再发掘和整理一些材料,对于学生来讲,教学效果可能会更事半功倍,这是教学实施者需要注意到的一个问题。

✳ 第9课　自尊自爱我需要

【学习任务包】

(1)了解自尊自爱的含义,认识自尊自爱是人的基本心理需要,是形成健康人格的基石。

(2)养成自尊自爱的健康心态,学会抵制庸俗卑贱的行为,克服自私心理,培养不虚荣、脚踏实地的良好品德。

(3)在参与中学会学习、合作与探究,在体验中感受自尊自爱对个人的重要意义。

【教学过程】

一、真情流露

(一)阅读以下材料,说说你更喜欢谁。

李辉穿了一双新买的名牌运动鞋,他向同学们吹嘘鞋是从国外买的,每天得意扬扬的。

刘阳在《中学生读写》上发表了一篇文章,同学们都很羡慕她,她自己也以小作家自居,从此以后,老师再讲写作的时候,她也听不进去了。

赵谦性格开朗,经常跟同学一起探讨交流,见到老师、同学会主动跟他们打招呼。

王珂自己的参考资料从不借给同学,自己好的学习方法和解题技巧从不告诉同学,只怕别人超过自己。

王宁在超市购物被诬陷偷东西,他最终以死来证明自己的清白。

(二)思考

他们是真正的自尊自爱吗？为什么？

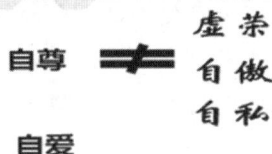

了解"高富帅"的真正含义。

二、真情告白

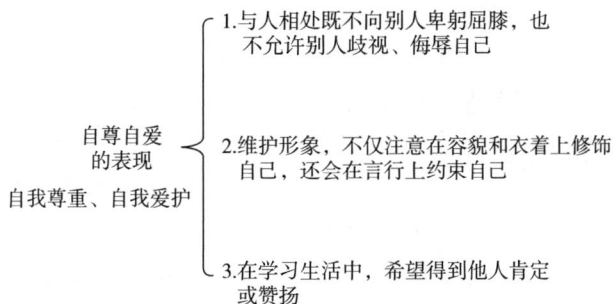

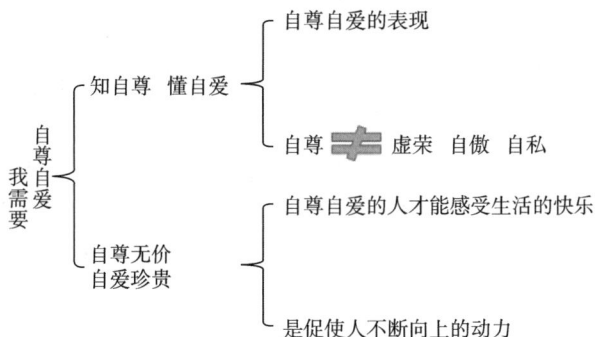

三、边读边想

了解了以上内容后,思考下列问题。

(1)谈谈你对自尊自爱的认识。

(2)生活中,你最有尊严、最有面子的一件事是什么? 当时是什么感受?

四、畅所欲言

你明白了什么? 小组讨论并选出代表进行全班交流。

(1)我明白了:自尊自爱才能感受生活的快乐。

(2)我懂得了:自尊自爱是促使人不断向上的动力。

(3)我知道了……

五、老师悄悄话

老师也想说一说:

自尊是做人的灵魂,是做人的底线,只有自尊自爱,人生才会更笔直向上。但丁说,走自己的路让别人说去吧! 诸葛亮说,不宜妄自菲薄! 陶渊明说"不为五斗米折腰"。请记住,只有自尊才能站得直行得正! 要做一个自尊的人! 自尊自爱,生命才会更精彩!

六、励志名言

任何人都应该有自尊心、自信心、独立性,不然就是奴才。但自尊不是轻人,自信不是自满,独立不是孤立。

——徐特立

自我评价:☆☆☆☆☆

他人评价:☆☆☆☆☆

【课程总结】

(1)本节课内容的最大亮点在于主题的选择。自尊自爱,在当下社会的大环境下,是一个比较普遍而亟待面对的问题。或者说,这是影响一个人价值导向的原则性问题。从小学教学入手,应该说是一个很有现实意义的尝试和努力。

(2)本节课的图表设计还是有一定特点的,能较好地服务于教学过程。

【改进建议】

事例的选择相对来说比较平淡,视野上还不够开阔。可以从古今中外或现实中选材,如此更能增强本节课内容的课堂感染力和课外影响力。

❈ 第 12 课　挑战自我

【学习任务包】

(1)了解成长过程中每个人都会遇到很多的困难和挫折,生活不可能永远一帆风顺。

(2)体验挑战困难和战胜困难的乐趣。

(3)遇到困难不低头、不畏惧,树立运用聪明的头脑和坚强的意志战胜困难的信心。

【教学过程】

一、漫步故事园

读一读《海伦·凯勒的故事》。

海伦·凯勒的故事

海伦·凯勒是美国著名作家和教育家。1882 年,在她一岁多的时候,因为发高烧,脑部受到伤害,从此以后,她的眼睛看不到,耳朵听不到,后来,连话也说不出来了。她在黑暗中摸索着长大。

七岁那一年,家里为她请了一位家庭教师,也就是影响海伦一生的苏利文老师。苏利文在小时候眼睛也差点失明,她了解失去光明的痛苦。在她辛苦的指导下,海伦用手触摸学会了手语,摸点字卡学会了读书,后来用手摸别人的嘴唇,终于学会说话了。

苏利文老师为了让海伦接近大自然,让她在草地上打滚,在田野跑跑跳跳,在地里埋下种子,爬到树上吃饭;还带她去摸刚出生的小猪,到河边去玩水。海伦在老师爱的关怀下,竟然克服失明与失聪的障碍,完成了大学学业。

1936 年,和她朝夕相处五十年的老师离开了人间,海伦非常伤心。海伦知道,如果没有老师的爱,就没有今天的她,她决心要把老师给她的爱发扬光大。于是,海伦跑遍美国大大小小的城市,周游世界,为残障人士到处奔走,全心全力为那些不幸的人服务。

二、边读边想

边读边想,思考下列问题:

(1)说说你遇到过的困难和挫折,你是如何面对的?

(2)如何磨炼自己的意志?

三、畅所欲言

你明白了什么？小组讨论并选出代表进行全班交流。

(1)人生最困难的就是挑战自我。只有挑战自我,挑战极限,才能超越平凡,成就辉煌!

(2)困难和挫折对于人生是一种财富。

(3)我知道了……

四、挑战自我

根据活动的挑战规则进行挑战。

(1)拼智力:限定时间内,拼好指定的图片,时间短者获胜。

(2)拼团队:小组合作,在限定时间内,看谁的"聚宝盆"收集的宝贝多(看谁积累的励志名言多)。

(3)拼歌声:限定时间内,歌曲接龙,唱《怒放的生命》《壮志在我胸》《真心英雄》等歌曲,接不下去者为输。相同的时间接龙多的团队获胜。

五、真情告白

活动结束了,你有什么感受?请说一说。

(1)明确目标,减少行动的盲目性。

(2)做事坚持不懈,胆大心细。

(3)学会自我控制,团队友好合作。

……

六、老师悄悄话

克服困难、战胜挫折需要坚强的意志。它是克服困难、走向成功的试金石。一个勇于挑战自我的人就是一个意志坚强的人。

七、励志名言

(1)有勇气承担命运这才是英雄好汉。　　　　　　　　——黑塞

(2)要成功,你必须接受遇到的所有挑战,不能只接受你喜欢的那些。

——迈克·加拂卡

(3)挑战让生命充满乐趣;克服挑战让生命充满意义。

——乔舒亚·J.马里恩

(4)志之难也,不在胜人,在自胜。

——韩非

自我评价:☆☆☆☆☆

他人评价:☆☆☆☆☆

【课程总结】

本节课的主题不错,无论是在学校教育还是家庭教育之中,都是一个很重要、很现实、很迫切的问题。挫折教育本身就是完整教育的重点内容。

【改进建议】

(1)本节课的实例选择应该再增加1~2个为妥,一方面可以增加学生理解的角度,另一方面可以让学生切实体会到挑战自我的重要性。在实例上的选择上,也不一定要用人的实例,诸如自然界的相关实例也可以去选择。

(2)本节课的行动建议是缺失的,比如可以建议学生读几本励志的经典著作,看几部励志主题的中外电影,加深学生对主题内容的理解。

(二)润君教育校本课程——家国篇

1.课程目标

教育的目标是塑造一个人完整、健康的人格,促进一个人优良品质的养成,完成一个人从不成熟到成熟的良性转变。现代社会,任何一个人都不是孤立存在的,现代社会是一个在融合中发展变化的世界。每个人都有自己的精神家园,每个人也都有自己的故乡和家园。

教育的目标是让学生健康成长,快乐发展,没有人格的健全,就不可能有身心的健康。润君教育校本课程——家国篇的教育实施,是其他教育成功的基础,应该是贯穿在整个教育过程中的一种思想教育,不仅为其他教育打下良好的基础,也为学生幸福一生打下良好的基础。

2.内容设计

本板块分为7个单元15个主题,以国家为主题,阐明了有国才有家的理念。

从现实生活出发,以实际案例,并结合多媒体的手段,比较立体地向学生呈现了看得见、摸得着、体会得到的国家的历史变化和生活景象。

3.目录设计

第一单元　生活在祖国的怀抱中

第1课　壮丽的山河

第2课　光荣的历史

第3课　走向富强

第二单元　家,幸福的港湾

第4课　伟大的父爱和母爱

4.教学经验

(1)在教学过程中,多给学生提供各种资料,让学生通过资料去了解体会,并结合自己的思考去感受爱。

(2)提供的资料尽量是孩子能够理解的,并且是和学生的生活实际联系紧密的。只有这样,学生才能把君子人格和生活实际相联系起来,才能把君子人格落实到自己的言行上。

(3)重视学生君子文化的陶冶和君子人格的培育,君子人格教育的最终目标是让学生通过君子人格的规范来改变自己的言行,并树立起远大目标,发展成为对社会有用的人。

5.课例评介

以第一单元第 3 课、第二单元第 4 课和第 5 课为例。

❈ 第 3 课　走向富强

我们生活一个飞速发展的国度里,我们的祖国母亲一天天强大起来,屹立在世界的东方。日益强大的中国,备受世界各国的注目。中国不再是"东亚病夫",不再闭关锁国,现在的中国是一个开放的中国,是一个蒸蒸日上的中国,认识自己祖国的强大和富裕,孩子会更加自豪。

【教学过程】

一、播放短片,让孩子了解自己祖国的飞速发展

短片一:《现代化农业》。

短片二:《现代化交通业》。

短片三:《现代化建筑业》。

短片四:《2019 年阅兵式》。

二、学生交流

看完短片后,学生一定会有很多感受,心里一定会有很多话说,让学生互相交流,在交流过程中认识自己的祖国有多么强大。

三、身边的变化

祖国变得强大后,我们的生活会发生什么变化呢? 学生一定会有所发现。让学生谈一谈近几年周围生活的变化。

四、认识身边的变化

(一)家乡的交通有什么变化

主要是交通工具和道路。

(1)交通工具:村村通有客车;上学有了校车;家庭出游有小车;高速快运、动车、飞机。

(2)道路:每个村子里都新修了公路,我省高速公路纵横交错,福银高速、莆炎高速过境尤溪,新修了尤溪动车站,附近还有三明机场等。

播放尤溪发展的短片。

(二)家乡的房屋有什么变化

学生先说说自己家乡的房屋是什么样的。学生再说说学校的房屋是什么样的。再播放尤溪旧貌的短片。

(三)家乡的生活有什么变化

学生说说父母看病时,在医院里能报销多少钱。学生说说自己的爷爷奶奶每个月从国家领多少养老钱。

五、学生思考

是什么让家乡有了如此大的变化? 学生交流讨论。

老师引导,这些变化都是祖国强大的结果,都是伟大的祖国给的。

六、课后作业

回家继续寻找祖国还让我们的生活在哪里有了变化,整理在本子上。

【课程总结】

(1)思想政治课教学和历史课教学往往难以实现完美的结合,这节课在这方面做了有益的尝试。

(2)本节课可以看作一堂具有思想教育意义的历史文化课。在一堂课上,也就是在一个小集体中实现一次爱国主义的主题教育。

【改进建议】

多媒体教学方法的使用,是决定本节课学生听课效果的一个很好的技术手段。在短片内容的选择上还不是很到位,在视听资源允许的情况下,建议增加《我和我的祖国》这部影片的片花或精彩片段,或者将我国历年来主要的天安门阅兵仪式制作成一个专题,让小学生在一种庄严的氛围中体会到我们国家的富强。

❋ 第 4 课　伟大的父爱和母爱

父爱和母爱是世界上最伟大的、最无私的爱,也是一个孩子健康成长离不开的,可是现在的孩子却不一定能感受到,对父母所做的一切,孩子往往是视而不见,本课主要是引导学生初步认识伟大的父爱和母爱。

【教学过程】

(1)阅读资料。

资料一:《秋天的怀念》。

资料二:《我的母亲》。

资料三:《背影》。

资料四:《父爱如山》。

(2)交流读后感受。

学生先自己思考,然后写下自己的感受。

(3)全班交流读后的感受。

(4)学生想想自己的父母是如何爱自己的。

(5)作业。

课下,观察自己的父母,记录下父母疼爱孩子的事情。可以拍下相片。

❋ 第 5 课　我的爸爸妈妈

别人爸爸、妈妈是那样疼爱自己的孩子,我的爸爸妈妈疼爱我吗?他们是怎么疼爱我的?

【教学过程】

(一)了解父母

(1)课下先去了解父母的职业,父母的收入情况,一天能挣多少钱,一天能干多少小时的活。

(2)为了了解父母的情况,可以让孩子到父母干活的地方,用手机拍下照片,了解父母的辛苦。

(二)讲讲父母

(1)分别让学生讲一讲自己父母的辛苦,包括父母是干什么工作的,是否劳累,挣钱有多少等。

(2)学生想一想,自己父母的生活是什么样的。

(三)说说父母对自己都做了什么,是如何照顾自己的

(1)学生先想想从哪个方面说。

(2)学生汇报自己了解到的父母对自己的关爱。

(四)作业

每人写一篇作文,写一写父母对自己的关爱。

【课程总结】

(1)本节课探索小家这一主题,属于家庭教育的范畴,但在家庭教育中又很难以这样正式的方式来进行,而学校教育恰恰弥补了这个教育内容实施的路径。这个主题选得好。

(2)通过学校课堂的形式实现这个主题教育,应该说是学校教育和家庭教育的一个融合,这对于我们学校教育内容的选择有很多值得借鉴的地方。

【改进建议】

(1)在实施课堂教学之后,应该再布置一些用行动来完成的家庭作业。比如作为家庭的一分子,在自己力所能及的范围之内,做好自己应该做的事情,如果能形成良好的习惯,并能坚持下来的话,对于学生的成长帮助将是很大的。或者可以开展"家庭小帮手"评选活动,将学生在家庭中的行动变得常态化、习惯化。

(2)两节课时布置的作业形式有点单一,除了写作文和拍照片之外,可以建议小学生用自己的方式来完成一件或几件事情,例如用画笔或图画去表现这两个主题,可以由一个人独立完成或者几个人一起去合作完成一幅画或一个组图,之后可以在班级里进行作品的评选和张贴。这样一来,每

个小学生在动手的同时,还可以加强同班级同学之间的友谊和团队协作的能力。

第二节　润君教育锤炼实现——研学实践

研学实践即润君教育校本课程中的笃行篇,通过研学实践以实现润君教育的锤炼。

一、课程目标

(一)研学旅行的活动课程开发要立足教育性

研学旅行要做到立意高远、目标明确、活动生动、学习有效,避免出现"只旅不学"或"只学不旅"的现象,必须把教育性原则放在首位,每一门课程须有明确的教育目标,寻找适合的研学主题和课程教育目标,深度促进研学旅行活动课程与学校课程的有机融合。作为中小学教育教学实践的重要组成部分,研学旅行的活动课程既要结合学生身心特点、接受能力和实际需要,又要注重知识性、科学性和趣味性。所以研学旅行在课程目标的制定上,要与学校的综合实践活动课程、思想品德课程、历史学科课程、科学学科课程等统筹考虑,活动中的知识性目标、能力性目标及情感、态度、价值观领域的目标和核心素养的目标统筹,等等,都应该是落实课标的核心要点。要通过学生在研学旅行活动过程中的体验、感受,以及身心、思想和意志品质等方面的发展,落实立德树人根本任务,帮助中小学生了解国情、开阔眼界、增长见识,着力提高他们的社会责任感、创新精神和实践能力。

(二)研学旅行的活动课程开发要突出实践性

研学旅行是研究性学习和旅行体验相结合的校外教育活动,研学是目的,旅行是手段,通过旅行中开展的各种教育活动和学生的亲身体验来实现综合育人的目的。为此,课程设计和实施中,要引导学生主动适应社会,充分促进学生知行合一、书本知识和生活经验深度融合。带领学生走出校园开展研学旅行,就是要让他们在与学校日常生活不同的环境中观察体验、实践思考。作为一种人才培养模式的创新,研学旅行活动课程的设计要特别注重学生的实践性学习,要避免学生在学校中的以单一学科知识被动接受为基本方式的学习活动。井冈山革命传统教育基地的课程设计,井冈练兵、三湾改编、学编红军草鞋、自做红军餐等,都突出了研学的实践性。研学旅行的课程应当超越学校、课堂和教材的局限,在活动时空上向自然环境、学生的生活领域和社会活动领域延伸,因地制宜,在教师的指导下,以问题为中心,在实际情境中认识与体验客观世界,在实践学习中亲近自然、了解社会、认识自我,并在学习过程中提高发现问题、分析和解决问题的实践能力。

(三)研学旅行的活动课程开发要加强融合性

作为综合实践育人的有效途径,研学旅行要以统筹协调、整合资源为突破口。研学旅行基地功能的拓展、研学旅行线路的设计、活动课程资源的开发,都要创造性地整合。从课程资源的整合看,既包括校内外教育资源的整合、跨界整合,也包括多学科整合、跨学科整合。例如,要统筹安排好研学旅行基地、研学旅行线路的课程资源开发;要结合域情、校情、生情,从自然和文化遗产资源、红色教育资源和综合实践基地,大型公共设施、各种场馆中挖掘和整合可利用的课程内容。充分发挥综合育人功能,实现与学校实践活动课程目标的衔接融合,推动学校与社会基地、校内课程与校外实践、校内教师与校外导师之间的衔接互动,从而实现学校教育与校外教育的有效融合。

(四)研学旅行的活动课程开发要确保安全性

由于研学旅行的课堂多是在路途上,开放性非常强,所以安全性原则是确保活动课程取得成功的一个重要原则。针对以学生集体旅行、集中食宿方式开展的研学旅行,需要对研学线路、课程设计、组织方案、实施过程、实施效果、安全保障等进行事前、事中、事后评估,切实做到活动有方案,行前有备案,应急有预案,确保活动中每个环节的安全性。

二、内容设计

本板块作为润君教育校本课程笃行篇的内容,以研学实践为主题,下设三大主题活动。

三、目录设计

(一)茶文化课程设计

课程一:自然地理——茶山地质地貌
课程二:社会人文——采茶制茶体验
课程三:社会人文——茶礼、茶艺、审评
课程四:社会人文——"茶+"研究性项目
课程五:分享体验——尤溪茶山

(二)农耕文化课程设计

课程一:社会人文——拔秧插秧
课程二:社会人文——收割稻谷
课程三:自然人文——摸螺捉鱼
课程四:分享体验——农耕文化

(三)农家美食课程设计

课程一:社会人文——磨豆浆
课程二:社会人文——舂白粿
课程三:社会人文——舂糍粑
课程四:分享体验——农家美食

四、尤溪碧叶馨研学基地和课程评介

(一)教学经验

1.研学旅行关乎青少年培养的改革方向

我国实践教育环节薄弱甚至缺失,已成为制约我国中小学实施素质教育、改革人才培养模式的重要瓶颈。受传统教学模式的影响,中小学教育一直习惯于关起门来的教学活动,课堂近乎成为学生了解知识的唯一途径。随着社会学、心理学及教育学领域的不断发展,人们发现青少年成长的过程更应是社会化的过程,学生对于知识的获取、能力的提升已不能单单依靠课堂,仅有书本知识的学习,不是真正的完整的教育。人们越来越深刻地认识到,当今时代孩子们欠缺的不是知识、不是技能,而是创新精神和实践能力。

2.研学旅行顺应青少年成长的基本规律

中国青少年研究中心首席专家、研究员孙云晓曾指出,青少年成长的过程有两个显著的特点:一是体验性,二是群体性。所谓体验性,是指青少年需要亲身参加许多亲近社会与自然的实践活动,在体验中逐渐成长,父母和老师不能代替学生的成长,更无法代替学生自己的体验;所谓群体性,是说青少年完成社会化离不开群体性交往,自然父母和老师是无法代替伙伴的作用的。对于青少年的成长,这两点互为补充,缺一不可,自然更不能被独立开来。良好的研学旅行活动,是学生之间互帮互助的群体出行,是学生与自然之间零距离的观察体验,可谓兼顾了青少年成长的两大规律。

3.研学旅行开拓青少年求知的可能领域

一是实现知行结合。"纸上得来终觉浅,绝知此事要躬行"和"读万卷书,行万里路"这两句古语也强调知行合一的重要性,这与研学旅行的根本目的也是完全契合的。著名作家余秋雨先生甚至曾提出"路就是书"的观点。研学旅行,就是路和书的融合。在旅行中学习,会实现历史、地理、人文各大学科的融合,实现多方面科学文化知识的了解和掌握。用生活教会学生理解语文课本上那些被精挑细选的源自生活的文化。走走长征路,听听老战士口中的长征经历,学生对《七律·长征》中所表达的艰难岁月的理解会更加形象;看看农场、工厂的生产活动,学生从《悯农》中所体会出珍惜食物的感受会更加"走心"。

二是摆脱互联网束缚。互联网的触角早就伸向了中小学生,让孩子放下手机、走进自然、多读书的呼吁越来越多。尽管我们不能因此评判互联网危害巨大,但作为"数字原住民"一代的青少年,成长的网络环境比以往更为复杂,所以基础教育也需要一种逆向思维。研学旅行在一定程度上引导着学生以一种谦逊的态度,离开冰冷的屏幕,打开本真的心灵,走向纯粹的自然。

4.研学旅行搭建青少年管理的更多平台

积极开展研学旅行,可以促进校内教育和校外教育之间的有效衔接,提供家庭、学校和社会之间的更多交流。随着教育形式和人才培养模式的创新,家庭教育、学校教育和社会教育成为助推学生素质教育全面实施,核心素养全面发展,引导学生主动适应未来社会的三大领域。这三个方面不是孤立的。在过去,家校之间的交流沟通往往只依赖于家长会,研学旅行的实施会提供更多的机会让教师、学生和家长之间讨论学习之外的问题,利于家长和教师发现学生性格、爱好、社会责任、探索能力、同伴友好、自理能力、创新精神和实践能力等其他方面的特点。

5.研学旅行承载青少年发展的多元使命

研学旅行作为综合实践育人的有效途径,还可以有效承载道德养成教育、社会教育、国情教育、爱国主义教育、优秀传统文化教育、创新精神及实践能力培养。研学旅行致力于学生的自我认知,服务他人、服务社会,以实际的生活和社区问题为脚本进行专业化的课程研发,其本质上更有利于良好的社会生态环境的建立。

研学是旅行的目的,旅行是研学的载体。研学旅行的意义在于,为青少年搭建理论通向实践的桥梁,为了解中华文化提供交流交往的平台,为旅游经济可持续发展增添新动力。

加强把控研学的深度与质量将是解决青少年户外教育的重中之重!

(二)课例评介

❀ 茶文化课程设计

一、课程概况

(1)课程主题:学习茶礼茶艺,传承中华茶文化。

(2)关联学科:语文、历史、美术、生物、哲学。

(3)基地特点:碧叶馨研学基地位于尤溪县台溪乡。台溪乡是三明市第一产茶大乡,茶叶品种丰富,所产尤溪红茶、尤溪绿茶系列产品,多次在省内外获奖,素有"华东第一绿"的美称。基地茶山属亚热带季风性湿润气候,总体特征是:气候温和,四季分明;夏季暖热,冬季温凉;春夏多雨,光照充足。

二、课程介绍

尤溪县产茶历史悠久。10世纪中叶,中仙明山寺建寺主王审知(五代十国时期闽国建立者)选择茶树良种植于寺周围,后来相继传至全县各地。嘉靖《尤溪县志》记载:"茶课钞二十五锭一贯一百六十文。"在明朝,尤溪茶叶就已经形成相当规模。尤溪人民在长期的生产实践中,积累了丰富的栽茶、制茶和野生茶利用技艺,创制了汤川普济茶、华口水仙茶、音头山仙茶、明山圣王茶等四大特色名茶。乾隆《尤溪县志》和中华民国《尤溪县志》都有"尤溪绿茶产二十都、二十三都者佳"的记载。在国内曾拜封贡品,早年销往厦门、漳州、泉州一带,又经茶商远销南洋诸国,从此闻名海内外。2000年起,在省级以上名优茶鉴评活动中,台溪乡共有56个产品获得名优茶奖;2010年获得国家地理标志集体商标登记后,品牌知名度和产品附加值明显提升,直接带动农户增产增收,社会效益显著提高。

本课程紧紧围绕茶文化展开学习,分为自然地理和社会人文两大课程模块,研究尤溪茶山地质地貌演变过程,探讨各种人文现象的地理分布、扩散和变化,以及人类活动对环境的适应能力,让学生对茶文化有更为深刻的认知。

三、课程内容

(1)探究课:踏访尤溪茶山,进行地质地貌探寻。

(2)分享课:学生分享探索茶山历史文化的成果。

四、课程目标

(1)走进尤溪茶山,探寻尤溪采茶制茶脉络,访问尤溪制茶代表人物,亲身体验采茶及制茶,感悟尤溪制茶技艺演变历程;探寻尤溪茶文化历史表现,学习了解茶礼、茶艺等日常技艺;研究茶园的高效管理和茶品质的提升,学习和运用互联网销售茶叶,尝试茶衍生品的开发等。

(2)通过小组合作,培养学生的团队合作意识;通过问题引导,锻炼学生将学科知识与现实问题相结合。

(3)深入尤溪茶山,开展探究实验与体验活动,提升动手能力和创新力,提高对学科的理解力。

五、课程安排

（一）探究课

课程一：自然地理——茶山地质地貌。

课程二：社会人文——采茶制茶体验。

课程三：社会人文——茶礼、茶艺、审评。

课程四：社会人文——"茶十"研究性项目。

（二）分享课

（1）我眼中的尤溪茶山：摄影、绘画、思维导图等，形式不限。

（2）我笔下的尤溪茶山：诗歌、散文、随笔、报告文学、课题报告、演讲、课本剧等文学方式。

六、课程组织实施

（一）探究课

课程一：自然地理——茶山地质地貌

1.活动介绍

尤溪茶山地质地貌研究是理论联系实际的重要实践环节。

通过此次研究，引导学生了解尤溪茶山地质地貌及生态环境的形成过程，认知并了解尤溪所属气候带、地理位置、地形地貌、土壤资料、气候概况（包括区域年平均气温、年降水量、日照等相关信息），并举一反三，对野外的地质地貌形成做出基本解释，培养学生对大自然的热爱之情，陶冶情操，提高学生对科学的兴趣。

2.探究内容

（1）尤溪土壤为何能生长出"华东第一绿"？

（2）尤溪茶历史生产情况（历史栽培情况、品种和品质变化情况、产品的受欢迎程度、市场上的认可度等）。

（3）影响茶叶品质的关键期和关键气象因子。

（4）研读《尤溪县志》，仔细体会《尤溪县志》对尤溪茶的相关描述。

3.课程形式

学生在导师的带领下，实地考察、探究尤溪茶山植物群落结构；思考尤溪茶山生态环境现状，感知生态环境建设的重要意义。

课程二:社会人文——采茶制茶体验

1.活动介绍

尤溪县产茶历史悠久,品种丰富。尤溪人民在长期的生产实践中,积累了丰富的栽茶、制茶和野生茶利用的技艺,创制了汤川普济茶、华口水仙茶、音头山仙茶、明山圣王茶等四大特色名茶。乾隆《尤溪县志》和中华民国《尤溪县志》都有"尤溪绿茶产二十都、二十三都者佳"的记载,在国内曾拜封贡品。

通过制茶工程师现场授课,引导学生以团队形式亲身体验茶的采制过程,提高学生团队协作能力和解决问题能力,并加深对茶的了解。

2.探究内容

(1)了解尤溪采茶、制茶步骤及技能,体会茶叶采制过程。

(2)以尤溪绿茶为例,探究茶叶萌芽期、采收期及制作工艺流程。

3.课程形式

探寻尤溪采茶、制茶脉络,访问尤溪制茶代表人物,亲身体验采茶及制茶,感悟尤溪制茶演变历程,完成探究课题。

课程三:社会人文——茶礼、茶艺、审评

1.活动介绍

尤溪是全国十大生态产茶县之一,也是南宋著名理学家、教育家朱熹的诞生地,茶礼、茶艺知识是学生学习了解朱子文化和茶文化的一扇窗口。

通过引导学生以团队形式亲身体验实用技能茶课,学习掌握日常实用茶礼、茶艺及审评技能,提高学生团队协作及解决问题的能力,并加深对茶的了解。

2.探究内容

(1)三个日常茶礼是什么?

(2)影响茶叶味道的"四因子"是什么?

(3)以尤溪绿茶为例,冲泡时有什么小技巧?

(4)掌握礼仪基本内容,并向父母、师长行礼展示。

3.课程形式

通过导师讲解示范,运用体验式教学、任务驱动式教学方式,引导学生以团队形式学习掌握日常实用茶艺,提高学生团队协作能力和解决问题能力,感受茶文化。

课程四：社会人文——"茶＋"研究性项目

1.活动介绍

"茶＋"是互联网思维的进一步实践成果，推动经济形态不断发生演变，从而带动社会经济实体的生命力，为改革、创新、发展提供广阔的网络平台。通俗地说，"茶＋"就是"茶＋各个传统行业"，但这并不是简单的两者相加，而是利用信息、通信技术互联网平台，让茶产业与传统行业进行深度融合，创造新的发展生态。

通过深入探讨尤溪茶产业的发展，引导学生探索茶产业转型传统发展模式，实现可持续发展，达到科学技术与社会的和谐发展。

2.探究内容

(1)茶园的高效管理和茶品质的提升。

(2)学习和运用互联网销售茶叶，尝试茶衍生品的开发。

(3)以"茶＋"为主题，做尤溪茶山的旅游规划方案。

3.课程形式

结合导师讲解，探寻分析尤溪已开发的茶产品，探究"茶＋"旅游开发的可行性。

(二)分享课

课程五：分享体验——尤溪茶山

(1)我眼中的尤溪茶山：摄影、绘画、思维导图等，形式不限。

(2)我笔下的尤溪茶山：诗歌、散文、随笔、报告文学、课题报告、演讲、课本剧等文学方式。

❋ 农耕文化课程设计

一、课程概况

(1)课程主题：探究尤溪农耕文化知识，体验拔秧、插秧、收割等农事活动，感受摸螺、捉鱼农情趣事，锻炼学生动手实践能力，培养热爱劳动、珍惜粮食的优良品质。

(2)关联学科：语文、历史、美术、生物、地理、哲学。

(3)基地特点：碧叶馨研学基地总部紧邻农田，采取租赁的形式，租用农田4亩，用于学生开展拔秧、插秧、收割、摸螺、捉鱼等农事、农情活动。

二、课程介绍

尤溪县是国家商品粮基地县,水稻种植占粮食种植的90%以上。大多数农田一年可以两季种植:早稻惊蛰育秧,晚稻在6月中旬育秧。播种前要选种、浸种,种子发芽(播种)后20天左右开始拔秧、插秧。水稻的生长期3~4个月,分幼苗期(秧田期)、秧苗分蘖期、幼穗发育期、开花结实期、成熟期。水稻可以分为籼稻和粳稻,早稻、中稻和晚稻,糯稻和非糯稻。水稻所结子实即稻谷,稻谷(粒)去壳后称大米、稻米。

本课程围绕农事活动进行。在导师的指导下,学生开展农知农事探秘、农耕农作体验、农情农习传承等认知、实践、探究、创作活动,引导学生了解学习尤溪本土的农事文化。

三、课程内容

(1)探究课:农田基本耕种方法,传统农具的应用,体验农耕文化。

(2)分享课:学生分享探索农耕农事文化的成果。

四、课程目标

(1)通过农事体验,感受丰收景象。了解水稻等农作物的成长过程,掌握简单的农事操作技能,提升学生的人文积淀和人文情怀,理解和尊重农民的劳动成果。

(2)通过小组合作,培养学生的团队合作意识;通过问题引导,锻炼学生将学科知识与现实问题相结合,提升学生动手能力和创新能力。

(3)探究农耕文化内涵。在农耕文化的浸润下,认识、了解、传承农耕文化的精髓,感受农耕文化"勤劳、服务、创造"的精神。

五、课程安排

(一)探究课

课程一:社会人文——拔秧插秧。

课程二:社会人文——收割稻谷。

课程三:自然人文——摸螺捉鱼。

(二)分享课

(1)我眼中的农耕文化:摄影、绘画、思维导图等,形式不限。

(2)我笔下的农耕文化:诗歌、散文、随笔、报告文学、研学课题等。

六、课程组织实施

(一)探究课

课程一:社会人文——拔秧插秧

1.活动介绍

水稻是尤溪种植面积最大的粮食作物。一般一年种植两季,早季稻在惊蛰育秧,晚季稻在6月中旬育秧。播种前要选种、浸种、整平、撒种,播种后20天左右开始拔秧和插秧。

传统农具是祖辈先贤勤劳智慧的结晶,有着悠久的历史和不同的功能及使用方法。锄头用于挖田、翻田,田耙用于耘田,滚杵用于水田整平后盖平,秧格用于插秧前划分行距和株距。

2.探究内容

(1)了解育秧常识:了解选种、浸种、播种及插秧时间等;认识传统农具的历史、功能和使用方法;体验使用传统农具如锄头、田耙、滚杵、秧格等。

(2)学会拔秧和插秧技巧,懂得辨别秧苗和稗草。

(3)培养热爱劳动的优良品质和珍惜粮食的良好习惯。

3.课程形式

通过导师讲解,了解育秧常识,认识传统农具及功用,并在导师帮助下掌握拔秧和插秧的技巧,感受农耕劳动的乐趣。

课程二:社会人文——收割稻谷

1.活动介绍

水稻的生长期为3~4个月,分幼苗期(秧田期)、秧苗分蘖期、幼穗发育期、开花结实期、成熟期。到了成熟期就要收割,收割是水稻在田间的最后一个环节。

2.探究内容

(1)了解水稻的生长过程,感受"一粥一饭来之不易"。

(2)掌握水稻收割技巧,体验田间收获的快乐。

(3)培养与农民之间的情感,提升思想道德素养。

3.课程形式

通过导师讲解,认识水稻收割工具,学习水稻收割技巧,体验使用传统工具打谷子。

课程三:自然人文——摸螺捉鱼

1.活动介绍

碧叶馨户外研学基地位于基地总部不远的山涧旁,稻田里有田螺和稻香鱼(鲤鱼)、泥鳅等。稻香鱼是农耕文明的产物,充分利用田间资源,保持生态系统的多样化。

水美鱼肥,让孩子们走进自然。第一步:捉鱼。鲤鱼常常隐藏在最密集的稻丛中,或清澈水源的入水口。田螺藏匿于泥土中,田水清澈的时候,才会出来觅食。摸螺捉鱼,都需要认真观察、仔细寻找。摸螺捉鱼是中小学生的户外活动项目,既可以培养学生的独立意识,又可以培养学生的团队合作能力,备受学生的欢迎。第二步:野炊。学生将捕获的鲤鱼、田螺进行加工。鲤鱼去鳞、去腮、去内脏,田螺去尾,烹饪(煎、炒、焖、炸、烤)也随之展开。第三步:品尝。一道道美食新鲜出炉,学生之间既可以分享劳动成果,又可以改善同学之间的关系,达到其乐融融的效果。

2.探究内容

(1)探索稻田养鱼的原理,体验摸螺、捉鱼的乐趣。

(2)培养动手能力,感受野炊的快乐。

(3)学会珍爱自然,保护生态环境。

3.课程形式

在导师的引导下,学生通过户外摸螺、捉鱼的体验,感受野炊的快乐;学会动手烹饪,增强学生的独立性和团体协作意识。

(二)分享课

课程四:分享体验——农耕文化

(1)我眼中的农耕文化:摄影、绘画、思维导图等,形式不限。

(2)我笔下的农耕文化:诗歌、散文、随笔、报告文学、课题报告等。

❋ 农家美食课程设计

一、课程概况

(1)课程主题:了解尤溪农家美食的工艺流程,挖掘农家美食的悠久历史和民风民俗,感受尤溪的美食文化。

(2)关联学科:语文、历史、哲学、美术、生物。

（3）基地特点：碧叶馨基地总部位于尤溪县台溪乡清溪片区的大头桥小学旧址，清溪美食历史悠久、品种繁多，最著名的有白粿、糍粑、豆浆、肉羹等。基地紧邻民居，学生可以向农户了解清溪美食的传承历史，进行农家美食的制作。

二、课程介绍

（一）磨豆浆

豆浆作为一种独特的食品，在中国已有将近两千年的历史。有关豆浆发源与功效的说明，早在中国古代文献《本草纲目》《淮南子》《延年秘录》等中就有记载。清溪片区的豆浆，主要原料为田间种植的黄豆，颗粒大，味道美，深受研学师生的欢迎。

（二）舂白粿

白粿是尤溪县的传统美食。每年的春节、中元节（七月半）和红白喜事都要舂白粿。由于师生共同参与制作，在品味美食的同时享受制作的乐趣。

（三）舂糍粑

在尤溪县，每逢春节、冬至等节日或结婚、建房等喜事，都要用到糍粑。由于共同参与，师生在体验制作艰辛的同时，也增强了品味的乐趣。

本课程紧紧围绕农家美食文化展开学习，通过师生的共同参与，锻炼学生的动手实践能力，培养学生尊重劳动、热爱劳动、珍惜粮食的优良品质。

三、课程内容

（一）探究课

探究尤溪农家美食历史传承和民风民俗，体验农家美食制作的艰辛。

（二）分享课

学生分享美食制作的艰辛和乐趣，形成研学笔记、研究课题。

四、课程目标

（1）通过农事体验，感受乡村丰收，了解农作物的成长，理解和尊重农耕文化。

（2）通过小组合作，培养学生的团队合作意识；通过问题引导，锻炼学生将学科知识与现实问题相结合。

（3）通过导师引导，学生自制美食，提高学生的动手实践能力，养成热爱劳动、珍惜粮食的优良品质。

五、课程安排

(一)探究课

课程一:社会人文——磨豆浆。

课程二:社会人文——舂白粿。

课程三:社会人文——舂糍粑。

(二)分享课

1.我眼中的农家美食:绘画、摄影、思维导图等,形式不限。

2.我笔下的农家美食:诗歌、散文、随笔、报告文学、课题报告等。

六、课程组织实施

(一)探究课

课程一:社会人文——磨豆浆

1.活动介绍

豆浆的制作,要经过洗净、浸泡、石磨、加热、调制等过程,其中石磨可以单人也可以多人合作,培养学生的团队合作意识。

2.探究内容

(1)了解尤溪传统美食和民风民俗,感受人们对美食的追求和对美好生活的向往。

(2)了解传统石磨的不同形式及功用;认识大豆的品种及用途。

(3)通过磨豆浆的过程,体现团队合作精神,体验劳动的快乐。

3.课程形式

通过导师讲解,了解传统石磨的不同形式及功用,学生在导师的讲解下体验磨豆浆的技巧,掌握手工磨豆浆的过程,品尝纯天然豆浆的美味。

课程二:社会人文——舂白粿

1.活动介绍

舂白粿是尤溪的传统习俗,白粿是逢年过节和喜庆筵席的一道风味美食,更是辛勤汗水和智慧的结晶。

2.探究内容

(1)认识原始的石臼、木臼及用途;辨别不同印粿模具印成不同花纹白粿的寓意。

(2)掌握制作白粿的流程。

(3)分享劳动果实及乐趣,提高团队合作意识。

3.课程形式

通过导师讲解,学生认识原始石臼、木臼及用途,体验白粿的制作流程。辨别印粿模具印成不同花纹白粿的寓意,并继承和弘扬尤溪的传统习俗。

课程三:社会人文——春糍粑

1.活动介绍

糍粑是尤溪传统美食。制作方法是:取上等糯谷,加工成白净的糯米。用清水将糯米浸泡12个小时左右,放进木甑里蒸成糯米饭,再放进石臼,用杵槌春制而成。

2.探究内容

(1)了解民风民俗,探究不同节日食用的不同美食。

(2)区分稻米种类,掌握糍粑制作的技巧。

(3)分享劳动果实及乐趣,提高团队合作意识。

3.课程形式

通过导师讲解示范,让学生体验制作糍粑的过程,感悟制作糍粑的艰辛与乐趣。

(三)分享课

课程四:分享体验——农家美食

(1)我眼中的农家美食:摄影、绘画、思维导图等,形式不限。

(2)我笔下的农家美食:诗歌、散文、随笔、报告文学、研学课题等。

附:尤溪碧叶馨研学基地介绍

尤溪碧叶馨研学基地(原名"朱子故里茶乡小镇研学旅行基地")成立于2018年4月,位于尤溪县台溪乡大头桥小学旧址,是国家级星创天地——茶乡小镇星创天地的衍生项目,由福建省科技型企业福建碧叶馨茶业有限公司创立,是以朱子文化、茶文化、农耕文化、美食文化等为核心主题的研学旅行基地,可以为师生提供专业的研学实践、素质拓展、户外体验等服务。

基地总部设在尤溪县台溪乡大头桥小学旧址,分为教学实践区、文化交流区和茶学研学区。教学实践区设在台溪乡大头桥小学旧址,占地面积1715.28平方米,建筑面积1051.6平方米,可同时容纳200名学生食宿;文化交流区位于台溪乡清溪村(原清溪粮库),占地面积 2539.8 平方米,建筑面积 1173.64 平方米;茶学研学区位于尤溪红加工厂区,占地面积 800 平方米,建筑面积 680 平方米。同时,还有农耕研学拓展基地 4 亩,茶叶试验示范基地 390 亩,教学、实践、科研设施完善。

碧叶馨研学基地立足于尤溪本土文化,以"学中做、做中学"为办学理念,以"中国学生发展核心素养"为核心开发课程,提倡从乡村本土生活中学习。根据研学对象的年龄特点,分类设计相应的课程活动及教学方式,让学生"带着课本去旅行",将自然、文化、历史、文学、艺术、体育、国防教育、技能拓展、农事体验等主题合理融合,建立健全"寓教于乐"研学运营教育模式,真正实现与校本教材的无缝衔接。同时,碧叶馨研学基地主张让学生感悟茶文化与朱子文化、农耕文化、美食文化的交融,培养学生生活自理能力、团队合作精神、研究性学习能力。

碧叶馨研学基地先后开设茶文化、农耕文化、朱子文化、红色文化、民俗文化、美食文化、陶埚文化、陶瓷工艺、竹编工艺、少先队活动等课程,每年接纳尤溪、三明、厦门、上海等地小学、中学、大学 3000 名以上学生,受到省内外研学专家和广大师生的一致好评。2018 年 5 月,被尤溪县教育局列入第一批《尤溪县中小学生研学旅行基地名录》;2019 年 7 月,被三明市教育局、三明市文化和旅游局授予"三明市研学实践教育基地"称号;2019 年 5 月,被福建省少工委评为福建省红领巾校外体验示范基地(福建好少年红领巾基地)。

【课程总结】

结合学校所处的地域环境,充分利用地域优势,逐渐摸索和开发出了一套完整的具有可操作性的实践课程体系。

这是学校开放性、前瞻性办学理念的贯彻,起到了很好的示范性、实验性的作用。

【改进建议】

(1)润君教育校本课程之笃行篇,也可以说是学校教育和户外研学旅行教学的一种结合。与之息息相关的一个重要问题是:安全教育的实施和管理。这一点应常抓不懈,并能做好对突发应急事件的预防和处理等工作。如此,制定相应的安全教育制度和行动细则是每次活动必不可少且需要前置的工作。

(2)本板块的课程目标和活动内容已经很丰富了,需要补充或完善的地方在于,以教育部《关于推进中小学生研学旅行的意见》和《中小学综合实践活动课程指导纲要》等文件精神为准则,开发一些适合户外的团队性质的游戏项目,从而让小学生的户外活动内容更丰富多彩,学生也能得到全方位的锻炼。

第三节　润君教育习得实现——自学读本

一、课程目标

(1)作为通识性的教学内容,本教学方案总体目标为以实现普及君子基本文化为主要内容,使学生能够在总体上对于君子文化有个基本的了解。

(2)本教学方案适合正式入校后的学生,与通识的性质相一致,是君子文化的启蒙性教学读本。

二、内容设计

(1)本部分的教学方案分为三个内容板块:走进君子世界、领略君子风采和诵经典诗词做谦谦君子。

(2)结合学生的思维特点和接受教育的方式,以实例故事形式来呈现君子文化的基本内容,让学生通过生动的实例和故事,在感性层面上获得对君子文化的知识启蒙,并逐步达到培养学生对君子文化的兴趣的目标。

三、目录设计

第一章　走进君子世界
第二章　领略君子风采
　第一节　孝悌篇
　第二节　诚信篇

四、教学经验

(1)教学初期,想让学生比较全面和整体地理解君子文化。因为学生本身的理解能力和接受能力受一定的限制,如何将一个比较抽象的概念传达给学生,这是教学的难点。

(2)在实际的教学过程中,如何用适合学生的方法实现教学的效果,这是教学的重点所在。通过实例、故事,再结合图片展示及多媒体教学手段,将抽象的概念形象化、具体化,才能有效保障教学效果的达成。

(3)除了教师的讲述之外,课堂教学的互动环节也是必不可少的。让学生以比较主动的方式参与进来,在活跃课堂氛围的同时,增强课堂教学的整体氛围。

五、课例评介

以第一章、第二章第五节为例。

❀ 第一章　走进君子世界

一、君子的品质

(一)君子:特指有道德、有学问、会担当的人

君,原指古代国家最高统治者,俗称君主。君子,原本是国君之子的意思。根据古代宗法制度要求,国君之子(嫡长子)从小就要进行理想和人格的规范教育,所以自然成为个人修养上的楷模。后来,君子一词便被引申为所有有道德、有学问、会担当的人的统称。(见于易中天《百家讲坛》——《先秦诸子》)

（二）君子的道德品质

君子者，权重者不媚之，势盛者不附之，倾城者不奉之，貌恶者不讳之，强者不畏之，弱者不欺之，从善者友之，好恶者弃之，长则尊之，幼则庇之。为民者安其居，为官者司其职，穷不失义，达不离道，此君子行事之准。孟子曰"穷则独善其身，达则兼济天下"。

（三）君子一词的起源

君子一词最早在《周易》（传说为周文王所著）中就已出现了，但是被全面引用最后上升到士大夫及读书人的道德品质是自孔子始的，并且被以后的儒家学派不断完善，成为中国人的道德典范。

二、圣贤君子风采掠影

孔子姓孔（祖父字孔，以其为氏），名丘，字仲尼，在家中排行第二。中国古代的文学家、思想家、教育家、政治家、社会活动家、古文献整理家，儒家学派编撰人，被后人推崇为儒家学派创始人，居联合国教科文组织评出的"世界十大文化名人"之首。相传曾修《诗》《书》，订《礼》《乐》，序《周易》，撰《春秋》。他一生传道、授业、解惑，被中国人尊称"至圣先师，万世师表"。孔子弟子及其再传弟子把孔子的言行语录和思想记录下来，辑成《论语》。

孟子，名轲，战国中期鲁国邹人。受业于子思（孔子之孙，名孔伋）之门人，曾游历于宋、滕、魏、齐等国，阐述他的政治主张，还曾在齐为卿。晚年退而著书，传世有《孟子》七篇。他是战国中期儒家的代表。孟子的思想来源于孔子。孟子把孔子的"仁"发展为"仁政"的学说。加强道德教育，使人民懂得"孝悌忠信"的道理。孟子看到人民遭受封建地主阶级剥削压迫的苦难，企图采用这些学说来缓和阶级矛盾，以巩固地主阶级的统治，不过它对发展生产还是有好处的。同"仁政"学说相联系，孟子还提出了"民贵君轻"的思想，他说"民为贵，社稷次之，君为轻"（《孟子·尽心下》）。他认为君主只有得到人民的拥护，才能取得和保持统治地位，因此他主张国君要实行"仁政"，与民"同乐"。

卜子夏，姓卜名商，字子夏，公元前 507 年出生在晋国温邑（河南省温县），比孔子小 44 岁，是孔子晚年的学生。"孔门十哲"之一，"七十二贤"之一。少时家贫，苦学而入仕，曾做过鲁国太宰。卜子夏在 14 岁左右进入孔门，跟随孔子周游列国。周游列国期间，他一直跟随在孔子身边，到 24 岁那年结束了周游之行。回到鲁国以后，卜子夏经过孔子的推荐，出任鲁国的莒父宰（相当于现在的县级官员）。公元前 479 年，孔子逝世，卜子夏时年 29 岁，为孔子守孝 3 年。他是孔子的忠实弟子，是儒家学术奠基人之一,他像孔子一样崇尚礼乐和仁义,遵循"中庸之道"。"仁"是儒家思想的核心,主张体恤民情,爱惜民力,以德治民,反对苛政和任意刑杀,以仁爱之心调节社会人际关系,主张维护周礼。他把毕生的精力都投入儒家文化研究当中,对于儒家文化的发展做出了不可磨灭的贡献。公元前 420 年,一生不为名、不为利,中国儒家文化奠基人、传播者卜子夏走完了他的人生历程,享年 87 岁,死后葬于古耿龙门(现河津市辛封村)。距今已有 2400 余年了,世世代代受到人们的敬重。

曾子,是黄帝的后代,也是夏禹王的后代,是鄫国(缯国)太子巫的第五代孙,16 岁拜孔子为师。他勤奋好学,颇得孔子真传,积极推行儒家主张,传播儒家思想。孔子的孙子孔伋师从参公,又传授给孟子。因之,曾参上承孔子之道,下启思孟学派,对孔子的儒学学派思想既有继承,又有发展和建树。曾参是孔子学说的主要继承人和传播者,在儒家文化中具有承上启下的重要地位。曾参以他的建树,终于走进大儒殿堂,与孔子、孟子、颜子(颜回)、子思比肩,共称为五大圣人。

曾子性情沉静,举止稳重,为人谨慎,待人谦恭,以孝著称。齐国欲聘之为卿,他因在家孝敬父母,辞而不就。曾提出"慎终(慎重地办理父母的丧事),追远(虔诚地追念祖先),民德归厚(要注重人民的道德修养)"的主张。又提出"吾日三省吾身"(《论语·学而》)的修养方法,即"为人谋而不忠乎? 与朋友交而不信乎? 传不习乎?"

讨论与交流:

你还知道古时哪些谦谦君子及他们的故事呢?

【课程总结】

(1)对于小学生而言,君子是一个比较抽象的概念,以小学生的认知程度而言,确实难以理解和认识。所以,可以先入为主,给学生提供一个概念,而不必苛求学生的理解要达成什么程度。教学实施者在这一点上,不必有过多的教学心理压力。

(2)教学本身就是一个循序渐进的过程,正如一个人的成长过程一样。正所谓,知之为知之,不知为不知。君子是知,有所知,有所达。从教学起点来说,以君子为切入点也算是培养学生认知的一个基石。

【改进建议】

本节教学内容,为了避免抽象理论的生涩,教学实施者应该多以图片来配合教学,在介绍相关人物事迹的时候,应该将故事讲解得生动一点,以故事为主要内容,语言风格要平实、有趣。这也是考验教学实施者教学能力的一个评价点。

❋ 第二章　　领略君子风采

第五节　廉洁篇

中国传统道德认为,清正廉洁对治国安邦、民风教化、听讼断狱作用重大,不论是在个人修养还是大众教育上,都把它摆在突出位置;历代贤明君主更把清正廉洁作为从政之要、为官之本。西周时考核官员政绩的标准,"一曰廉善,二曰廉能,三曰廉敬,四曰廉正,五曰廉法,六曰廉辨",每一条都没有离开"廉"。汉文帝"贵廉洁,贱贪污",认为廉吏是人们的表率。中国唯一的女皇帝武则天强调清廉为官德之首,指出"廉平之德,吏之宝也","君子虽富贵,不以养伤身;虽贫贱,不以利毁廉"。明太祖经常告诫官员们要"无作是非,显尔祖宗,荣尔妻子,贵尔本身",以"为民造福,立名于天地之间千万年不朽"。清康熙皇帝曾手书"清、慎、勤"御匾,以之作为文武百官的从政准则。

故事1:

明朝的开国皇帝朱元璋,其故乡凤阳还流传着四菜一汤的歌谣:"皇帝请客,四菜一汤,萝卜韭菜,着实甜香;小葱豆腐,意义深长,一清二白,贪官心慌。"朱元璋给皇后过生日时,只用红萝卜、韭菜,青菜两碗,小葱豆腐汤,宴请众官员,而且约法三章:今后不论谁摆宴席,只许四菜一汤,谁若违反,严惩不贷。朱元璋虽为一国之君,但他率先垂范,倡导廉洁之风。

故事2:

唐宋八大家之一的苏轼21岁中进士,前后共做了40年的官。做官期间,他总是注意节俭,常常精打细算过日子。1080年,苏轼被降职贬官到黄州,由于薪俸减少了许多,他穷得过不了日子,后来在朋友的帮助下,弄到一块地,便自己耕种起来。为了不乱花一文钱,他还实行计划开支:先把所有的钱计算出来,然后平均分成12份,每月用一份;每份中又平均分成30小份,每天只用一小份。钱全部分好后,按份挂在房梁上,每天清晨取下一包,作为全天的生活开支。拿到一小份钱后,他还要仔细权衡,能不买的东西坚决不买,只准剩余,不准超支。积攒下来的钱,苏轼把它们存在一个竹筒里,以备意外之需。在困境、逆境中,苏轼以勤俭节约来维持生活、渡过难关,不失为良策。

故事3：

子罕是春秋时期宋国的贤臣。宋国有个人得到了一块美玉，把它献给了子罕，子罕不肯接受。献玉的人说："我已经拿给玉工看过了，玉工认为它是宝物，所以我才敢进献给您呀！"子罕说："我把不贪婪当作宝物，你把美玉当作宝物。如果把玉给了我，那么我们两个人都丧失了宝物，不如各人保有自己的宝物吧。"献玉的人叩头，然后对子罕说："小人怀中藏着宝玉，到哪里都不安全，还是把它送给您吧，这样就可以免于被人谋财害命了。"于是子罕就把美玉放在自己住的地方，让玉工雕琢它，然后又卖了出去，把钱给了献玉的人，让他成了富翁，然后送他回家去了。

故事4：

公仪休喜欢吃鱼，有人就送鱼给他，他拒而不受。送鱼的人说："听说您喜欢吃鱼，为什么不肯接受我送的鱼呢？"公仪休说："正因为我喜欢吃鱼，所以更不能接受你的鱼！我现在做宰相，买得起鱼，自己可以买来吃；如果我因为接受了你送的鱼而被免去宰相之职，我自己从此就买不起鱼了，你难道还会再给我送鱼吗？这样一来，我还能再吃得到鱼吗？因此，我是决不能接受你送的鱼的。"

故事5：

孔子听说山东东南沿海有一个地方，是一块知识的宝地，那里的百姓淳朴而有学问，他决定带着弟子们去感受一下。到了一看，风景很美。看见路边有一个农夫在锄地，孔子停下来问："您锄地每天锄头要抬起来多少次啊？"那个农夫僵在那里，突然一个孩子从远方跑过来，说："我父亲年年种地，当然知道锄头每天要抬起来多少次了。您出门乘马车，也一定知道每天这个马蹄要提起来多少次了？"孔子觉得这个孩子少见的聪明，就下车打量他，对他说："孩子，你很聪明，这样，我们比试一下，我出一道题，你出一道题。谁赢了谁当老师。"孩子说："您是老人家，可不要跟我开玩笑。"孔子说："不管是老的小的都不相欺。"接下来他问："天地人为三才，可知天上有多少星辰，地上有多少五谷？"孩子说："天高不可丈量，地广不能尺度，一天一夜星辰，一年一茬五谷。"孔子十分震惊，因为这个答案他找不出任何纰漏。

孩子问他："人有多少根眉毛？"孔子回答不上来。只有按照刚才的约定，拜孩子为师。这个孩子就是项橐，这个故事也演变出了两个成语：君子之约和童叟无欺。它实际上讲述了一个深刻的道理，即便是学有所成的人，也要随时学习，能者为师，无分长幼。

故事6：

君子于世,坦坦荡荡。明朝时期,有一位吏部尚书叫王翱。他一生勤勉正直、为人坦荡,深受百姓爱戴,是当时很有名的贤臣。

有一天,王大人办事有功,受到皇上称赞,退朝后皇上的心情还是很兴奋,越想越觉得王大人为人不错,正直坦荡,为江山社稷尽心尽力,而自己对他的赏赐又太少了。于是皇上下旨,给王大人的第二个孙子送了一个国子监监生的位置,王大人再三推辞说:"自己为人臣子,尽心尽力,是本应当做的事情,怎么能再受额外的奖赏呢?"但是皇上认为为人臣子,忠诚而有功不赏,那么国家就会没有清正的风气,所以王大人的第二个孙子就这样进入了国子监。

第二年的秋天正好赶上三年一次的乡试,孙子有意参加这个考试,他打算考一个实实在在的功名,让祖父安心的同时,也证明自己的真实才学,这样他就不会被人诟病说是靠祖父赏赐才得到监生的职位。但是他又担心万一考不好不仅耽误了自己的前程还丢了祖父的脸。因此他就听从别人的建议,在私底下找官员活动了一下。很快有人就为王大人的孙子办了一份证明文书,凭着这份证明文书,他就可以去找主考官,保证在考试中取得优异的成绩。

他把文书拿给王大人看后,以为王大人会夸他能干,做事周全。没想到王大人一见到这个文书,脸立刻沉了下来,斥责道:"你怎么能做这样的事情?"孙子回答道:"这并不是靠贿赂收买得到的,只是他们看中我的学问,向考官做了些说明罢了,这里没有一丝一毫见不得人的事。"

王大人气愤地说:"没有见不得人的事,亏你说得出口,我做了一辈子官,官场上的勾当难道我不清楚吗?要不是大家看在我的面子上,怎么可能给你开出这样不合规矩的证明,假如你只是一个穷书生,他们能为你做这些事情吗?"孙子听后羞愧地低下头,不敢再争辩。

王大人缓了缓口气说:"孩子你立志考科举,这是件好事,我非常赞成。如果你能够凭真才实学去考取,我是绝对不会让你埋没下去的,可是你要凭这份文书考取优等,那么我为你感到羞耻。你想想你凭着自己出身名门,年纪轻轻就有了监生这个地位,而那些贫穷的学生苦苦读书了那么多年想通过考试得到一个功名,你凭这张文书就把他们顶下去了,也许从此就断送了一个人的前程,你不觉得这样子不公平吗?你忍心这样子去做吗?这会让天下多少寒门的子弟丧失信心。"

听了祖父这一番话,孙子羞愧得无地自容,他向王大人承认了错误,并表示记住这个教训，这时候王大人才稍许安慰。他把文书放到烛火上点燃，一边看着火苗一边又对孙子说："要记住堂堂七尺男儿，在这个世上要活得光明正大、坦坦荡荡、堂堂正正，时时刻刻要以诚实正直来勉励自己，凡是自己不该得到的东西不去索取，凡是自己力所不及的事情，也不要心存侥幸勉强去做，这样你才算得上一个君子。"听完王大人的话，孙子深受感动，决定今后绝不做苟且之事，堂堂正正活在世上。

正如王大人所说，他为官一世侍奉那么多君主，活得光明磊落，堂堂正正，这也是我们现代人应该学习的精神。这种精神不会因为时代的不同而不同。为人光明磊落、坦坦荡荡，才能让我们心安理得地立于世间。

廉洁三字经

恶虽小，莫等闲，若长久，终成患。
入迷途，要知返，早回头，才是岸。
秉公心，去杂念，权钱色，勿交换。
两袖清，享三餐，谋赃利，不安眠。
遵国法，守底线，法与情，分两边。
和珅富，把财敛，到最后，毁一旦。
学清官，须自勉，清廉功，要常练。
人生路，休言短，悬鱼事，佳话传。
前有辙，后应鉴，保名节，群众赞。
贪如卵，法如山，为国家，多贡献。

心灵升华：

以君子文化打造学校特色，提升师生素质。正如教育家孔子说的，学诗内慧，学礼外秀，秀外慧中，加上学乐提升人的审美层次，便成为一个美丽的人，即文质彬彬的谦谦君子。君子有九思：视思明、听思聪、色思温、貌思恭、言思忠、事思敬、疑思问、忿思难、见得思义。只要我们按君子要求去要求自己，教育学生，相信不久的将来我校师生都能做到仁、义、礼、智、信，生生和谐，师生和谐，和谐之声将传遍校园的每一个角落，我们的学校也将成为一个具有文化品位和精神感召力的场所。

【课程总结】

（1）本节教学所选择的六个故事，能比较全面地说明廉洁的含义。用故事来说话，用实例来讲述，可以增强学生对廉洁的感性认识，从而有效地达成教学认知的目的。

(2)《廉洁三字经》这部分内容可以说是一个亮点,放在这节内容的教学中,可以作为课外作业,让学生来诵读,如果可能的话,可以让学生形成背诵的习惯。从小处着手,在学生的认知中培养对于廉洁的意识。

【改进建议】

关于课堂教学的互动环节,可以在每个故事之后增加提问的环节,让尽量多的学生参与进来,使课堂氛围活跃的同时,让教学实施者较为准确地把握课堂教学的效果。

后　记

几经周折，几易书稿，这本《润君教育》终得成书，心中自是感慨万千。

"君子"是由孔子精心倡导，并经诸子百家精心呵护而成的理想人格，"君子"修身成仁、弘毅担当的人格形象如皎月当空，它的基因流淌在每一个中华儿女的血液里，徜徉在神州大地的每一寸土地上，弥漫在五湖四海的每一份空气里，历久弥新，生生不息，君子已经成为中华民族的精神标识和集体人格。我深信，培养君子人格也应当成为学校教育不可或缺的内容之一。

掩卷之际，眼前不禁浮现出那一位位爱我、贵我的人，因有他们的悉心指导和真诚的鼓励，方有此书的成稿，在此，特别感谢福建教育学院的林潘、徐小敏、陈曦、于文安、张信蓉导师和南平建瓯市实验小学曹建忠校长对我的无私教诲；同时，也感谢尤溪县实验小学教师团队的真情支持，为本书的撰写提供了很多的帮助。

作为小学校长，站在儿童的立场上，遵循儿童的成长规律，教育方能真正为儿童的自主发展、生动发展、个性发展服务，才能真正实现教育的育人功能。有人说，一位成功的校长一定是一位理想主义者。只有让自己的理想融入现实的社会中，把自己的理想化为学校发展的航标和原动力，才能使自己的努力成为普泽学生的甘霖，才能构建出自己心中的那个伊甸园。

而我深深地感受到，作为山区的一名校长，我的思考深度还不够，我的理论水平还不深入，我的办学理念还不深刻，我的办学实践还不成熟，我的修养与时代呼唤的君子精神还有很大的差距。正是基于此，我更加期待各位同人能提出必要的批评和宝贵的建议，让我从您的指导中反观自己，使我不断地完善、不断地成熟。

"谦谦君子，陌上其华。"

  我以为：君子应成为一种理想，我们不断地追寻；君子应成为一种人格，我们不断地历练；君子应成为一种目标，我们不断地求索。只要你愿意，与"君"同行，未来可期！

吴章文

2021 年 4 月